ナガオカケンメイのやりかた

ナガオカケンメイ

誰にでもあるように、僕にも「やりかた」があります。
仕事にもありますし、恋にも、親孝行にも、旅行にもあります。
最初はそのことを「わがまま」とか「自分勝手」とかという
言葉で言われたり、時には人に言ったりしていました。
またあるときは、「あの人は嫌い」とか「一緒に仕事したい」とか、
なんとなく思ったりもしてきました。

それはいったい何について思うのか……。
３５歳を越えたあたりから、それは「やりかた」について
思うのではないだろうかと考えるようになり、
「僕のやりかた」があるのではないかと、
自分を観察するようになりました。

そして、たまに

「そうそう、これがしっくりくるやりかた」と思ったり、

「あれっ、なんか、昔とやりかたが違う」と思ったりしました。

それが「成長」なのかもしれないな、

と思うようになったのは、

40歳を越えたあたりからでしょうか。

どんな人にも、「やりかた」はあります。

そして、この本は、僕が

「D&DEPARTMENT PROJECT」という

デザインリサイクルストアを作っていく

「やりかた」の本です。

8年間のブログの中から、
特に取り上げたい「やりかた」が
感じられる部分を抜き出した本です。
ぜひ、本を読む前に、実現した
「D&DEPARTMENT PROJECT」に来てください。
そして、これが僕という人間によってどうやって作られていったのか、
時間軸のままのページ構成にしていますので、
僕の「やりかた」が少しずつ変化していく様子も、
もしかしたら、感じていただけるかもしれません。

では、デザインリサイクルストア
「D&DEPARTMENT PROJECT」の始まりから、始めましょう。

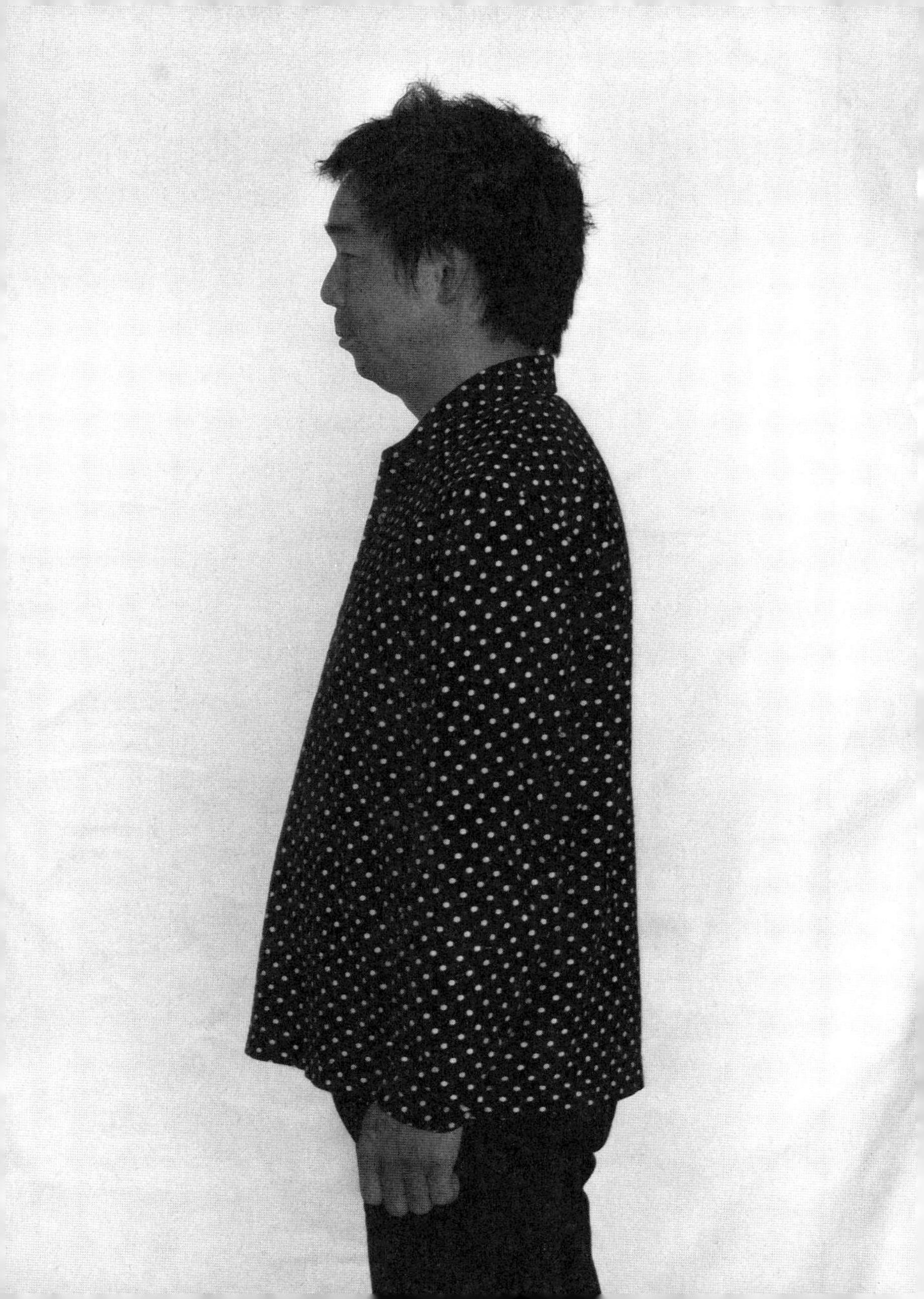

1999

1

2

3

4

5

6

7 **0701**
ウェブショップ
「D&MA」オープン

8

9

d

10 **1011**
フリーペーパー
『d』vol.1発行

11

12

2000

d

1

2

3

4 **0422**
三田に
「D&MA」サロン
通称「三田d」を
オープン

5

6

7

8

9 **09**
『デザインの現場』
「D&MOTELSをつくろう」
連載開始（全14回）

10 **10**
オフィスを
東京六本木より
奥沢へ移転

D&DEPARTMENT
PROJECT

11 **1103**
「D&DEPARTMENT
PROJECT」オープン

12

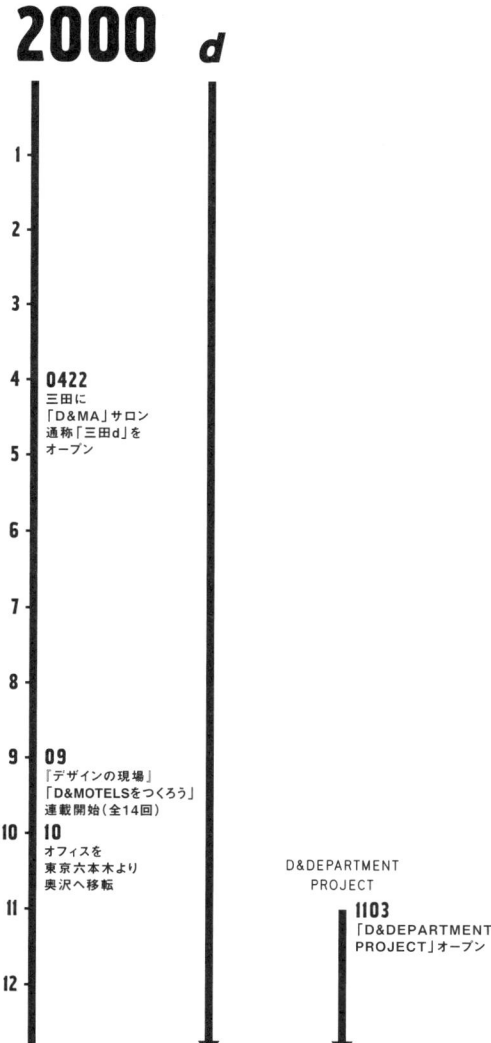

2001

d

D&DEPARTMENT PROJECT

1

2

3

4

5

6

0609~0624
「SAMPLING FURNITURE」展開

0609
2Fフロアオープン

7

8

9

09
『デザインニュース』
「お客さま失礼ですが何様でございますかデパートメント奥沢店」連載開始（全8回）

10

11

12

2002

d

D&DEPARTMENT PROJECT

1

2

3

03
「ブレーン」
「D&MAを作ろう!!」
連載開始（全12回）

4

5

6

7

0715
「D&MOTELS STORE」
二子玉川にオープン

8

9

0914
「D&
DEPARTMENT
PROJECT」
大阪店オープン

09
「60VISION」
カリモク60立ち上げ

10

11

12

1220
活動本「Only honest
design can be
recyclable」
（エクスナレッジ）刊行

2003

d | D&DEPARTMENT PROJECT | 60 VISION | VISION'D VOICE

1
2
3
4
5
6
7
07
『商店建築』
「ロングライフ空間を
作ろう!!」
連載開始（全14回）
8
9
10
10
2003年度
グッドデザイン賞
川崎和男審査委員長
特別賞 受賞
11
12
1114~1125 Tokyo
1205~1216 Osaka
「USED G MARK展」

VISION'D VOICE

0520
VDV001
「吉岡徳仁」発売

0620
VDV002
「田中一光」発売

0920
VDV003
「深澤直人」発売

1020
VDV004
「JOHN C JAY」
発売

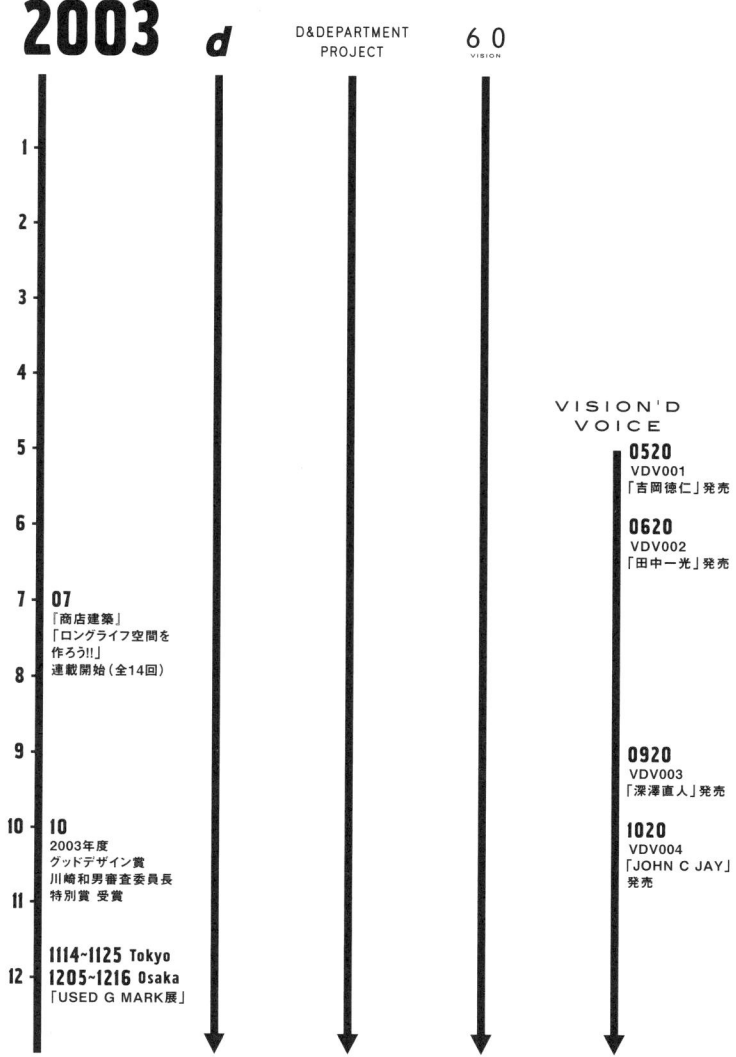

2004	d	D&DEPARTMENT PROJECT	60 VISION	VISION'D VOICE
1				
2				
3				
4				
5				
6				
7				
8	**0828** 第1回大阪公開ミーティング			
9				
10				
11	**1127** 第2回大阪公開ミーティング			
12	**1220** 「ROOP ROPPONGI」 オープンハウス			**1220** VDV005 「モンキーパンチ」 発売

2005

		d	D&DEPARTMENT PROJECT	60 VISION	VISION'D VOICE
1		0125 『d long life design』創刊			0130 VDV006「村上隆」発売
2					0220 VDV007「永井一正」発売
3		0325 vol.2発売			
4					
5		0525 vol.3発売			0520 VDV008「森正洋」発売
6					
7	0708~0710 「すちゃらかデパートメント満員御礼劇場」開催	0725 vol.4発売			
8	0825~0827 グッドデザイン・プレゼンテーション「G MARK SHOP AND CAFE」出店				
9		0925 vol.5発売		0906~0909 60VISION 合同展 東京インターナショナルギフトショー	0920 VDV009「原研哉」発売
10					
11		1125 vol.6発売			
12	1220 活動本第2弾『LONG LIFE STYLE 01』（平凡社）刊行				

2006

月	2006	d	D&DEPARTMENT PROJECT	60 VISION	VISION'D VOICE
1		0125 vol.7発売			
2					0220 VDV010 「PEER CLAHSEN」 発売
3	0308 Osaka 0315 Tokyo 「d勉強の会」 清水早苗さん	0325 vol.8発売			
4					
5		0525 vol.9発売			
6	0607 Tokyo 0621 Osaka 「d勉強の会」 パラダイス山元さん				
7	0620~0702 AXIS GALLERY 「drawing and manual が表現する D&DEPARTMENT展」	0725 vol.10発売			
8					
9	0913 Tokyo 0927 Osaka 「d勉強の会」 川島蓉子さん	0925 vol.11発売			
10				1031~1105 60VISION 合同展 100%design tokyo	
11	1127 『ナガオカケンメイの考え』 (アスペクト)刊行	1125 vol.12発売			
12					

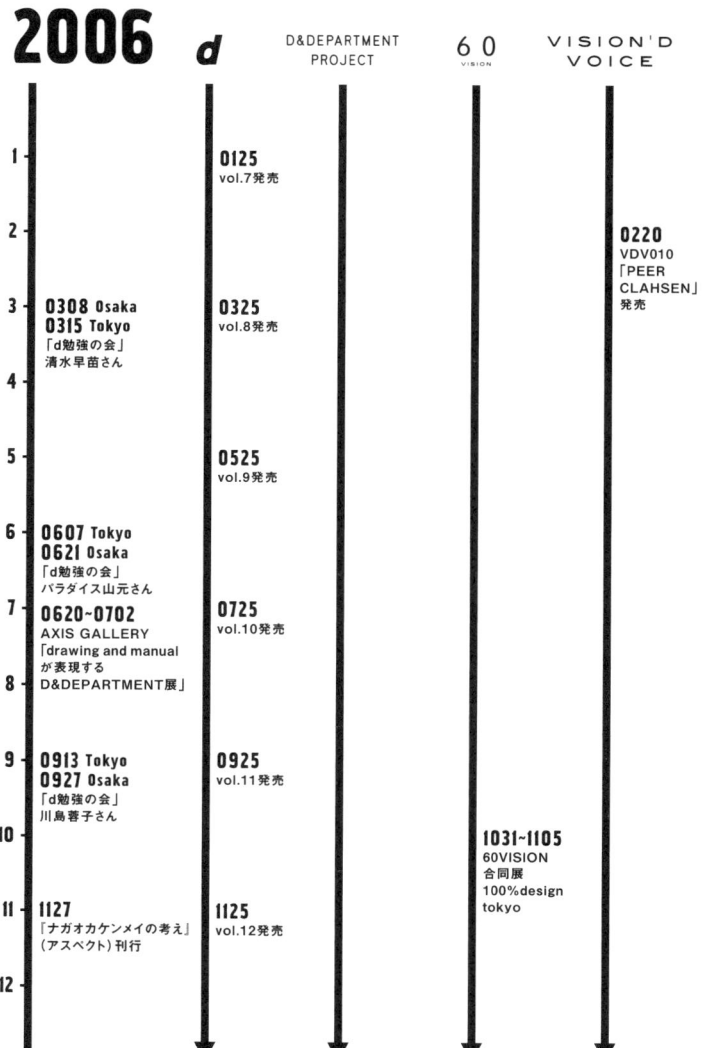

2007

2007		d	D&DEPARTMENT PROJECT	60 VISION	VISION'D VOICE
1		0125 vol.13発売			
2					
3	0228 Tokyo 0315 Osaka 「d勉強の会」 秋田道夫さん	0325 vol.14発売			
4					
5		0525 vol.15発売			
6					
7		0725 vol.16発売			
8					
9		0925 vol.17発売			
10	0901 Tokyo 1013 Osaka 「わかりやすいオペラ」		1005 「D&MOTELS STORE」ecute立川にオープン		
11		1125 vol.18発売	1123 「D&DEPRTMENT PROJECT SAPPORO by 3KG」オープン		
12	1205 『D&DEPARMENT DINING BOOK』(主婦の友社)刊行				

F.O.B COOP

1999

気になるものを
バスルームに 溜め込んでいたら、
それが
お店に見えてきました。

本郷三丁目に構えていた事務所が手狭になり、六本木のマンションに引越しました。

そして、趣味で集めていたデザインの感じられるリサイクル品を、自宅の練馬から少しずつ、事務所の部屋に持ち込む。

事務所は大きく3つの部屋に分かれていて、そのうちの僕の部屋にあるバスルームが、その収納場所となってきました。

最初は何も考えずに、ただ、ひたすら「気になったもの」だけを集めていたけれど、ここに溜まっていったある日、それがあるショップに見えたのでした。

オーナーが好きで集めたもの……。そういう店でもよかったのですが、その、集まった風景を見て、あるコンセプトが浮かびました。

「デザイン事務所が考えたリサイクルショップ」。

デザイン事務所がリサイクルショップをやったら、きっとこういう品揃えになるはず。そこで、名前も僕のデザイン事務所とともにやっていくという意味を込めて、DRAWING AND MANUAL AND という長い名前にしました。で、結局、長過ぎるので略して頭文字を取り「D&MA」に。

自分というものは考えてみるととても不安定だと思いました。そして、半年も経つと価値観も変化しているかもしれないし、10年も経つと、趣味ががらりと変わってしまうかもしれない。だから、「自分のテイスト」というものをコンセプトの軸にしないことにしました。集めたものは僕の視点でのセレクトですが、将来は誰かスタッフや、普通にお客さんとして出入りしてくれる人も参加できるような幅を取っておきたい。

雑誌に連載するという手段で、
自分たちを
整理していく。

あることがきっかけで、デザイン誌『ブレーン』で連載をすることになりました。テーマは「D&MA」を作るまでの話です。タイトルも「D&MAを作ろう!!」です。きっと出版社としては、ちょっと変わったネタのシリーズで固いデザイナーの頭を柔らかく和ませるように企画を通してくれたのだと思い、その期待に応えるべく、まずは全体像の模型を作りました。まず、駐車場があること。そして、とても広いこと。２フロアに分かれていて、１階にはカフェがある……。

デザイナーでよかったと思うことは、こういう具合に考えを見える形にすることが得意だということです。模型を作り、マークを考え、Ｗｅｂを作っていく。そこには「ビジネス」という視点はありません。まぁ、デザイナーの考えることに、最初からお金儲けなんてことが含まれ過ぎていると、ろくなことはないと思っていますから。こうしたことを重ねていくと、社会にとっても意義があるのではないかと思えるところが見えてきます。ゴールを設定して走るのがビジネスだとしたら、「D&MA」は、ちょっと頭に浮かんだ楽しい夢を日々、膨らませていく。そんな感じです。

仕事で疲れると、代わる代わるみんながこの模型を眺めに来ました。

もしかしたら、これはいい仕事のやり方かもしれません。目標が建物になっているわけです。1997年に僕の会社DRAWING AND MANUAL（ドローイングアンドマニュアル）を設立した時にもこれに近い発想はありました。その証拠に、会社のマークは4階建ての架空の夢のビルでした。1階にカフェがあり、2階はショップ、3階はギャラリーで4階は事務所……。

マークが、実在しない夢の建物なので、名刺に刷られたそれを相手から「これは何ですか？」とよく聞かれます。そのたびに、説明しながら将来の夢を膨らませていきました。

その時、
できることで夢を少しでも具現化する。
そんな感じで
webストア誕生。

大阪から、プロダクションマネージャーとして参加した外川陽一に、D&MAのＷｅｂストアを立ち上げるお願いをしました。ひとつひとつ、買い付けてきたものを僕の自宅で洗い、きれいになったものを採寸し、コメントを書いて外川に渡す。彼は写真を撮り、Ｗｅｂに上げる。もちろん、Ｗｅｂストアに関する経験は、ほとんど僕にも彼にもありません。なんとなく集まったものからコンセプトを見い出し、今度はＷｅｂでそれを販売することにしました。

なんでもそうですが、たとえばＷｅｂストアの形態を実際に詰めてやってみると、わかることがとても多いのです。頭の中でシミュレーションして、いろんな経費やムダを避けるという手段はなんとなく僕には当てはまらず、ひとまず、何かデザイン関連の完成形にしてみる。模型にしたり、冊子の形にしたり、そしてＷｅｂを作ってみたり。

たとえば「本を出したい」という夢のような話も、実際にページをひとつひとつ作っていくと、できないことや問題にぶち当たる。ひとまずＷｅｂを作ってみるという手段を通じて感じたいことは、ビジネスになる可能性があるかということと、本当にこのコンセプトで成立するのかということ。

これで「買いたい」という人が現れたら、脈がある。そう思ったのでした。

とにかくＷｅｂなので情報は可能な限り細かく、また、それを買った時の楽しくなる生活の雰囲気を、コメントで工夫しました。

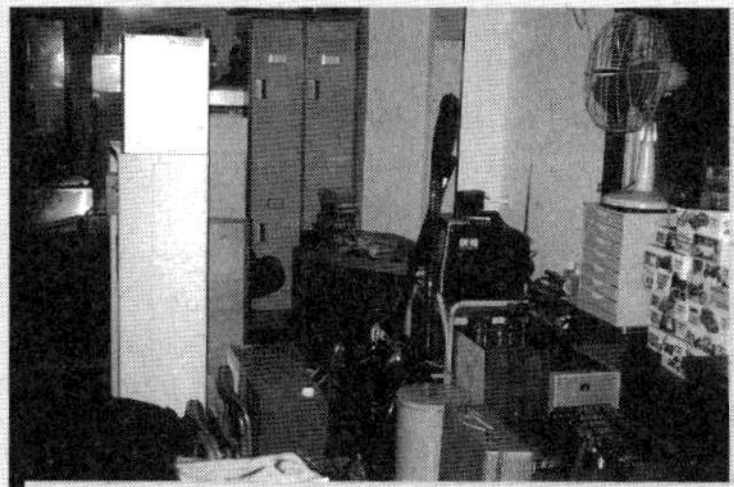

仕入れた商品が
デザイン事務所に
入り切らなくなり、
強制的に次を考える。

六本木の事務所の一番奥は、僕のチームの部屋となっています。外川、高橋、西村、僕の４人で使っているその部屋は、日を追うごとに仕入れた商品で埋まっていき、しまいには、廊下に溢れて重ね積まれるようになりました。そして、その荷物たちは僕が住んでいる三田のマンションにひとつ、またひとつと移動していきました。

なんとなくそれを予測して少し広めなところを借りてはいましたが、リビングを占領し、ベッドルーム、廊下を次々と飲み込んで今の状態。最近では、商品を見たいというＷｅｂからのお客さんも増え、この場所を開放しようと考えています。

僕はというと、キッチンの奥にある四畳半の部屋に避難しました。デザインの仕事そっちのけで、レンタカーを借りて近県のリサイクル屋を巡る毎日。仕入れてはリペアし、採寸、傷の位置などのスペックを書き出し、楽しいコメントとともに外川へバトンタッチする毎日です。

そして、近々、この部屋が開放される日が来るのでしょうね。

2000

雑誌の連載が
事業計画書に
見えてきた。

気が付けばもう夕方、一日というのは、本当に速い。結局、あれもこれもできそうにないという感じです。宣伝会議という出版社から、『ブレーン』というデザイン業界誌が出ていて、機会があるごとにお知らせしているのですが、その中で「D&MAを作ろう!!」というメイキング的な連載をやっている。もう次回で4回目。で、これが大変なのです。

出版社側のリクエストとしては、個人寄りの情報ではなく、広く世間の成功事例などを分析した使える連載であってほしいという。もちろん、私たちが自主的に出している小冊子『d』は、実際にお店を作るための資料収集という位置付けなので、その活動によって発生したインタビューやリサーチを、そのまま『ブレーン』の連載に使えばいけると思っていました。

しかし、いざ始めてみると、人に説明できない「自分の中の確信」というものが、こんなに多いのかとびっくりする。以前に『週刊ダイヤモンド』という雑誌に、「これからのインターネットビジネスサービスはこれだ!!」みたいな特集に取り上げられたことがあり、聞いたこともない会社が「出資したい」「融資したい」と名乗り出てきました。その時に「事業計画書」が必要で……という話になり、僕は断念しました。

ビジネスと割り切れたらいいが、D&MAをビジネスと割り切ることは当分できそうにありません。もちろん、収支がちゃんとならないと継続していくことはできないが、ここでこれくらいの目標売上げがあり、出資したみなさんにこれだけの配当が……という話など、とても退屈で夢がないと思いました。

自分のやりたいことは、自分とその仲間にだけわかっていればいいじゃないかというのが最終の結論。自分が描いている夢を人にわかりやすくプレゼンすることなど、なかなか無理な話のように思います。しかし、大切なことは、事業計画書をはるかに超えたビジョンを持ち、日夜、誰を頼ることなく突き進めなければということ。

自分でしかできないことはたくさんあるけれど、それを人に伝えるのは本当に難しいと思います。『ブレーン』の連載でしんどいのは、説明したくないけどわかって欲しい内容を、説明しなくてはならないこと。そのために資料を作ったりアンケートをとる時間のなんともったいないことか。と、こういう言い方をすると誤解されそうですが、連載自体には大きな意味を感じさせてもらっています。これはこれで、僕らが事業計画書を書かずに済む、ひとつの答えで、言ってみれば連載という形の事業計画書なのです。

会社は、
もうひとつの
家族、
なんだろうね。

今月、西村という女性スタッフが辞めます。辞めることは前々からわかっていましたが、そのわかっている日がもうじき来てしまう。

人が辞めるたびに「会社ってなんだろう」と思います。あんなに、会社に対して期待と夢を持っていても、辞めるという時は来ます。幸せに包まれて、周りから思い切り祝福されて結婚したカップルも、離婚してしまったり。離婚と今回の西村の退社はまったく縁遠いものですが、そして、永遠の別れではないのに、ひとり自宅に戻って酒を飲んでしまうと泣けてきます。

会社を設立した時は3人でした。それが4人になり5人に。そして、7人になり9人になり11人になり12人になりました。最初の3人もかなりの結束があったけど、僕以外のふたりは結婚し、そのうちのひとりとは今でも昔からの親友のようにしていますが、もうひとりは子供を産むために退社。この時は嬉しい気持ちはもちろんあったが、その反面、ある時代をいっしょに事務所に寝泊まりしながらがんばったので、やはり泣けました。

西村は会社始まって以来の粘りのある女性で、最初はあまりデザインができなかったので、辞めてもらおうと何度となく本人に言ったのですが、「まだ、がんばりたい」の一点張りで、とうとう僕らが根負けしました。しかし、その後の彼女はメキメキとデザイナーとしての才能を開花させ、今では辞めてもらったら困る存在にまで、自分で成長した。僕は会社の経営者としてまた考える。「会社って何だろう」って。

いろんな人がこの会社を通過していきます。いろんな人が僕の付けた会社の名前を語って、名刺を交換して仕事という名の時間を過ごす。社内で恋愛をする者もいれば、結婚して辞めてしまう人もいる。けんかをして二度と戻って来られない状態の人は今まではいませんでしたが、突然、手紙を置いて去って行った人もそういえばいた。ここはなんだろう。もうひとつの家。もうひとつの部屋。もうひとつの田舎。会社はなんだろう。もうひとつの家族。なんだろうね。

人生は本当に一度きり。だから共通した「会社」という中である程度の時間を共有することは、とても重要。重要過ぎるほど、いろんな人の人生が思いきり交差しています。生まれて、幼稚園へ行って、父の転勤で引越しして、高校に進学して大学へ行って、中退して専門学校へ行ってやり直す。就職した会社には数千人の社員。そこにも、そんな規模でも、人の数だけの時間と人生がある。そんな大切なことをする場所を、僕は作ったような気がしてきました。

会社というのはそんな大切な場所のように思えてきたのです。

会社という場所は僕ひとりではできない。社員全員の影響力がひとつになって、そして、個の価値観が重なり合ってひとつの実体としての会社が現れる。会社は社長のものではないから。会社は誰のものでもない。みんなのものだと考えた時、そこで数年を過ごし、今、まさに辞めようとしている西村について考えると、情けない。涙が出るのです。

大好きな映画に「化身」という作品があります。黒木瞳が脱いでいるので、レンタルビデオ屋では成人指定コーナーにあったりしますが、僕にとってはこれは最高の映画です。この映画が言いたいこととは、「しょせん、男は……」というところ。しょせん、男なんてだらしなくて、どうしようもない生き物なのです。最後のあるシーンで、主人公が友人にこう聞きます。「なぁ、男っていったいなんだ」。それに対して「渡しもりみたいなものじゃないのか、こっちの岸からこっちの岸へ渡す、それだけだ」というセリフ。もちろん、川を渡すわけですが、会社を考える時、そんなもののようにも思えます。

また誰かが入って来ます。期待に胸を膨らませて、やってやるぞという熱い思いで。そして、僕らは彼に言うのです。「がんばろうね」。そうか、会社とはがんばる場所なのか。人生の中で「がんばっている時間」を過ごす場所。そんな気もしてきました。

「三田d」と
あだなが付いた場所で、
エスプレッソを
勉強する。

三田の自宅はいつの間にか「三田d」と呼ばれています。僕の家なのに……。とにかく予想以上にお客さんが来ます。何もない住宅地なのですが……。

あまりにお客さんが来るので、お茶を出すことにしました。とはいっても、普通の台所しかありません。そこに家庭用のエスプレッソマシンを購入し、六本木の事務所でみんなで練習です。

三田dはデザイナースタッフによる当番制になっていて、週末しか開けませんが、そこに新たな「エスプレッソ」という課題が発生し、みんな、代わる代わる練習をしています。将来はカフェをやれたらいいなとは思っていますので、その練習。とはいっても、あまりにもお粗末です。

三田dは3LDKのやや大きめな古いマンションで、1階なので小さな庭が付いています。そこに柴田がデッキを作ってくれたりして、かなり居心地のいい場所になっています。お客さんが来ない日は、自分の部屋の気分を取り戻し、のんびりデッキでひなたぼっこをしたりします。大きめのリビングダイニングはカフェイスを置いてラウンジ風。横の寝室はUSEDガラス食器を中心にこまごまとしたものを置いています。すべて中古です。

やったことは
ないけれど、
具体的に
商品仕入れに走る。

デザイン仕事の合間に、愛車CIVICで東京近県のリサイクルショップを回る。それが中古品の仕入れです。本当はハイエースのようなものが欲しいのですが、そんなぜいたくはできません。普通は古物免許を持って古物市場で、安く仕入れます。最初、僕らも免許を取得し、市場に通いましたが、面白がっていたのは最初だけで、あることに気付きました。

ひとつは、市場の風習に付き合わなくてはならないこと。ある市場は自己紹介から始まり、昼食のお弁当が出る。おやつも。仕入れたいものが目の前にあったとしても、市場は競《せ》り。山をひとつひとつ、順番に出品者とともに回って行くため、時には夕方になってしまいます。

もうひとつは、その山は「山」というくらいなので「山」のように積まれていて、実は見えない中に売れ残ってなかなか普通では売れないようなジャンク品が詰まっていることも多々あります。お気に入りのものがある山を競り落としたのはいいけれど、中からガラクタが……ということも頻繁にある。

それを覚悟で買うのならばいいのですが、僕らのような目的の品揃えがはっきりしているリサイクル屋にとってはただのゴミ。それを考えると不安になってしまいます。しかし、ここではかなり安く仕入れられます。あくまで商売なのです。この市場に通っていて、本当に気付いたのです。僕らは商売ではなく、世の中の微妙なデザイン品を救済して売り直す。普通ならゴミのように捨てられるものでも、デザインの視点で生活品として復活させることができるかもしれない。

半年以上の市場経験を積んだ僕らは、全国のリサイクルショップを巡りネットワークを作って、捨てられそうなデザインを「それは価値があるよ」と広めていきたいと思いました。なんとなくエリアを選び、車で走り、コンビニに飛び込み、イエローページを借りてリサイクルのページをコピーし、地図を片手にひとつずつ当たっていく。まるで魚群探知器のない遠洋漁業のような仕入れです。

今日は、一番最初に出会ったリサイクル屋を訪ねました。ここは先ほど話した市場の山の中のガラクタをメインに、借りた店舗内にそれらをぶちまけて、足の踏み場もないような、名前もない店。ここのおばさん（名前がわからない）には、本当に世話になりました。

そして、最初の頃の三田ｄに置いて販売していた多くのものは、ここから掘り出されたものです。

本郷三丁目〜六本木〜九品仏。
とにかくここで
がんばるしかない。

会社を設立した時に借りた本郷三丁目の建物は、昭和四年竣工のかなり古いビルでした。家賃は13万円。それを友人とシェアしてデザイン業をしていました。

スタッフが7人になった時、仕事も軌道に乗り、映像制作をメインにしていた関係で映像制作会社が多く集まる六本木へ。外国人向けのマンションは63万円。スタッフもみるみるうちに10人を超えました。そして、三田ｄでのショップ修業を経て、いよいよデザイン事務所とショップ、カフェが合体するための物件を探し始めました。

狙い目は完全に渋谷と恵比寿の山手線沿い。ここ一点に絞っていたところ、願ってもないいい物件が見つかりました。１７０坪で１８０万円。ちょっとドキドキしましたが、事務所でデザイン収益があるし、なんとなく、USEDデザインのD&MAのコンセプトはそこそこいける自信はありました。

しかしそこで問題が起こります。その物件の大家さんの条件の中に「飲食はしてはいけない」という項目があったのでした。カフェ自体、本格的にやるのは初めてで不安でしたが、カフェでもやって利益を出さなければ、また、ショップにとってカフェは不可欠だという確信がありましたので、絶対に譲れません。

交渉は難航し、大家さん宛に手紙も何通か出しました。大家さんは長らくやってきた家業をたたみ、愛する自宅工場を他人に初めて貸すのです。いきなり飲食業でもやられて、若者ががやがやと押し寄せ、夜も眠れなくなるのでは心配だ、というのが大家さんの言い分。もちろん、そうなるようにしなければ僕らも商売としてやっていけない。難航に難航し、その難航の最中にたまたま通りかかった物件が、最終的に決定する田園マンションでした。

地下１００坪、１階２００坪、２階２００坪の計５００坪。当初、ジャストサイズと思って進めていた渋谷の物件が１７０坪なので、約３倍。今は２階はマンションのモデルルームになっていて借りられませんが、将来的には借りたい気持ちはあります。しかし、家賃は３５０万。六本木の63万でドキドキしていた僕ですが、この数字にはなんとなく、感覚が麻痺していました。

初めての商売、初めての飲食業、そして、この最悪の立地。どこにそんな自信があったか。それは落ち着いて考えたことはありません。しかし、やるんだという気持ちしか、今はないのです。成功するイメージしかないのです。

人通りのまったくない環状八号線沿い。最寄り駅の「九品仏《くほんぶつ》」も、まともに読めませんし、聞いたこともありません。とにかくここでがんばるしかない。そういう気持ちなのです。

わかりやすいことをしたいなら、
「D&MA」という
名前を変える。

デザイン会社「DRAWING AND MANUAL」といっしょにという意味で当初、プロジェクト名をDRAWING AND MANUAL ANDとして、これでは長過ぎるので「D&MA」としてきました。三田dの「d」も、D&MAの「D」。それを変えようと思っています。理由はこの名前では社会に出て行く時に、あまりにもわからないからです。

みんなで何日もかけて議論をしました。本当にD&MAではダメかということを検証しました。世の中には僕らのようにわけのわからない名前の企業、ショップはたくさんあります。しかし、僕らは「ユニクロ」よりも「無印良品」になりたいと思いました。だから、なんとなくでもいいから、何屋さんなのか、わかる名前にする必要がありました。

そこで、すでに世の中にある言葉の組合わせであることや、略された時の呼ばれ方のシミュレーションもしました。さんざん悩んで壁にぶち当たって、素直に何を目指しているのかを考えてみました。目指しているのはデザインの百貨店でした。正確に言うと、デザインのホームセンター。気軽に来られてフッと手に取ったものすべてが「いいデザイン」である場所。

街の金物屋のように、必要だから買いに来たのだけれど、選ぶ余地がなく、ダサいものを買わされるようなことではなく、さらに、デザインを買いに来るみたいに構えた、一部のデザインマニア的な店でもない。必要なものが「デザインよく」売られている。そんなイメージを言葉にすると「デザインの百貨店」。そこにはレストランやカフェも、花屋も服屋もあり、かっこいいポスターは、百貨店の宣伝部によるもの。みんながそれに憧れる。デザインのDと百貨店のデパートメントストア。そして、それを完成させるための実験的要素がふんだんに感じられるスタイル。

名前は決まりました。「D&DEPARTMENT PROJECT」。

あとから知りましたが、デパートメントとは、「ある領域」という意味。未開拓なデザインとリサイクルスタイルによる領域の追求。ますます気に入りました。

コンセプトを語るには、
7点の商品で
十分伝わる。

今日から日記をしっかりつけることにしました。理由は、1日1日を大切に噛みしめたいから。僕は生きている。それを記したいだけなのかもしれないけれど。

99年の7月からWeb上でリサイクル雑貨の販売を始めました。僕にとっては大きな一歩であり、おそらく関わってくれるスタッフにとっては、何が何だかわからないのではないかと思います。僕の構想は他のスタッフの誰よりも大きく、誰よりも無謀なものでしょう。しかし、ではできないかというと、僕にはそれが無理な話だとはまったく思えないのです。

いつものように、願い続ければ必ず実現するもの、と考えて何も疑ってなんていませんでした。

オープンしたての D&MA を最初に告知したのは、事務所で活動していた「モーショングラフィックス展」という映像の展覧会の大阪開催後。この、大阪という知らない場所だということをいいことに、「よそものです、はい、すみませんね」と言いながら、展覧会会期中に集めた入場者リストすべてに、DMを作ってまきました。DMとはいっても、簡単なレターヘッドを作り、そこにプリンタで原稿を印字したもので、それを会社の封筒に入れて出しました。それから1ヶ月ほど経ってから、小さな反響をもらったのです。DMはいったい何枚出したか。わずか300枚です。そして、当時、掲載されていたWebショップの商品数も、わずか7点でした。

7点のリサイクル雑貨は、僕のポケットマネーで購入。僕の頭の中に完成している雑貨店をどうやって、現実問題も含めて表現し、それを広く人に知ってもらうか。そう考えた時、自分の会社がホームページを制作しているのだから、Web上に架空のお店を作り、そこに商品写真を掲載して、販売してみようと考えました。

イメージというのは不思議なものです。たったひとつのものならば、見えてこなかったビジョンも、3つ、4つと横に並ぶとその複数の商品が独特なオーラを発し始めます。そして、いつの間にか、そこにはないはずの将来扱いたい商品すら、陳列されているかのような気にもなってきます。D&DEPARTMENT PROJECTのコンセプトを語るには、7点の商品で十分だったのです。

さて、
オープンに向けて——
デザインリサイクルストア、
誕生。

オープンに向けてとにかく広い空間を埋め尽くさなければなりません。地下の100坪は映像制作チームが半分と、デザイン、Webチームが半分で使い始めました。

1階の200坪のうち、中央にカフェ予定地を想定。後は、仕入れたリサイクル品と、ショップとして取り扱いたかった工業用のシェルフなど、日頃は日用品として認識されていないものを、いかにかっこよく生活の中に取り入れるか、その提案で満ち溢れさせたい。まず、大きなルールを決めました。ひとつは什器《じゅうき》を一切使わないこと。とにかく、仕入れてきたものを使って、うまく空間を作ること。なので、大きなものが売れると、大変な騒動になり、その日の閉店後に、レイアウトを変えなくてはなりません。今は毎日がシミュレーション。レイアウトの正解を求める旅が始まりました。

飲食を提供するといいながら、厨房は一番奥、とてもそこで作ったものを運んで来られません。どこかに厨房を作らなくてはならなくなる。しかし、もう物件を借りたことで、銀行から借りたお金はほとんど使い果たしていました。普通ならば、こんなに広い空間を借りたら、音響、什器、そして、商品を並べるだけで大変なお金が出ていきます。しかし、この店の商品は言ってみれば「ガラクタ」。１００万円もあれば、十分にスペースを埋めることができる。しかし、その商品となるガラクタに巡り会うのが大変という商売です。

道路沿いにカフェ、中央部分にレストランをイメージしてカリモクのソファを置きましたが、それはまったくのイメージで実は何も決まっていません。カフェ予定地には、厨房の姿さえないのですから……。

きっと誰もが「これは何？」と思うでしょう。無謀な倉庫スタイル、それにしても何もない。これからいったいどうなっていくのか……。

もうすぐオープンを迎えますが、笑えるくらい、作っている最中。デザインリサイクルストア、D&DEPARTMENT PROJECT の誕生です。

広報という
重要な考えに
出会えたこと。

今日は朝から雨でした。広報を担当してくれている友人から、『BEGIN』（男性向けモノ雑誌）への掲載が決定し、その記事を確認するためにメールしましたという内容の連絡をもらいました。

広報。なんとも本格的な感じがしますが、広報を専門にやっている会社に勤務する友人に、アルバイトを頼んでいるというのが本当のところ。広報を専門でやっているところで、広報のバイト。これ、おそらくバレたらクビでしょうね、なんて話しながら、その友人もD&DEPARTMENT PROJECTのコンセプトの楽しさをわかってくれた重要なひとりです。

その友人の参加はとても大きかった。たまたま飲んでいて知り合った人が、ＰＲ代理店勤務でした。当所はＰＲ代理店なんて存在も知りませんでしたし、それがD&DEPARTMENT PROJECTにどう関わってくるかさえ想像がつかなかったのです。

考えてみれば、モノや情報は、告知しなければ広まりません。友だちに伝えたり、知り合いのお店のレジ横にちょっと置かせてもらうくらいは簡単だけれど、テレビ、新聞、ラジオ、雑誌を相手とする場合、効果的に伝えることは難しいのです。

では、それはいったい誰がやっているか。それを今まで僕は考えたことがありませんでした。きっと企業の広報がやっているんだろうくらいに考えていました。しかし、よく考えてみると、企業の広報が『BRUTUS』編集部とかに電話をかけて、取材を受け、掲載用写真を用意し、と、そんな面倒なことをやっているとは思えません。とは言っても、僕はそれすら考えつかなかったのです。

試しに
「時給500円だけどいい？」
と言ったら、
みんな引いていったことを
思い出す。

物事には絶対に始まりがあるなぁと、最近、思います。会社を作った時、親に借金して事務所を借りて、有限会社なんかにしてみたり。そんな時も、なんとなくいっしょにいた友人や面白半分で毎夜、遊びに来てくれる親友たちと、まだ、事務所のくせに何もない場所で、ただ、ひたすら、熱く語った憶えがあります。

やがて人が増え、「管理」とか「ノルマ」とか「効率」とか、「誰々が遅刻が多い」とか、いろんなつまらない大人っぽさを得ながら会社っぽくなっていく。始まりは学祭のようであったのに……。社長として会社を作って、また、こうして新しいお店を準備していて痛烈に思います。

スタッフの松添の友だちがそのまた友だちを連れて夜な夜な遊びに来ました。最初は単なる友だちか元カレかくらいに思っていたけれど、同じくスタッフの柴田と意気投合して、汗をかきながら什器を作ったりしだしました。最初は「手伝ってくれてありがとうね」くらいに思っていたけれど、きっとそう。彼も最初はそんな感じだったと思います。しかし、いつの間にか、毎日来るようになり、晩飯をいっしょに食べ、次の日も開店の掃除すらやっている。そして、そうしたことについて、一切、バイト代を求めているわけでもなく、何か見返りを求めていることもありません。

　そんな彼に感動した、昔のそうした「会社っぽくない時の事務所」を思い出します。そして、大きく、組織のこととか、バイト代だとか、勤務時間だとか、ローテーションだとか、そんなことを言い出しそうになっている自分にブレーキをかけるのです。本当に一生けんめいな彼の姿を見ていて、本当に涙が出ました。その純粋さと、自分が大人としてけがれている部分が同時に見えました。

　ある日、その彼が友だちを連れてきました。昔、バーテンの経験のある彼は、この場所をいっぺんで気に入ったらしく、次の日も次の日も遊びに来た。そして、ある夜、「ここでカフェの手伝いをしたい」と、あまり、覚えてないけれど、そんなことを切り出しました。僕は社長であり、また、オーナーであるかもしれません。けれど、僕はひとりのスタッフでいたいし、みんなの中に入って、ああでもないこうでもないと、いろんなムダや熱を確かめ合いたかったのです。

　今、この目の前にいる人にも、その友だちである彼にも、失いかけた何かを多く学びました。5日後、「タダで働かせて欲しい」という女性が訪ねて来ました。僕はその時、強く思いました。

こんな場所を作って本当によかった、と。社会にはルールがあります。儲けるにも、人間関係を長続きさせるにも。しかし、ここには通常あるしがらみがありません。あるのは、場所だけ。スタッフのバイト募集で、試しに「時給500円だけどいい?」と言ったら、みんな引いていったことを思い出します。かたや、目の前にいる数名のスタッフは誰もがタダで働いています。お金はどうやったって得られる。今時、この人たちは、お金では買えないものを知っている。そう思い、とても誇らしく、また、とても羨ましく思いました。

昔、こんな言葉を聞いたことがありました。「お金を稼ぐことには人間性は必要ないけれど、使うことには人間性が大いに関係する」「誰でもお金を稼げるけれど、お金の使い方こそ〝その人〟が出る」。この気持ちがいつまで続くか。やはり、「収益」とか「効率」を求めてしまうのでしょうか。

この、今という貴重な時間で、また、貴重な価値観を持ちえているみんなと、いっぱい、貴重な時間として過ごせたらと願います。

2001.6.9(sat)12
RENEWAL OPE
D&DEPARTMENT PROJECT

2001

青春とは、
周りに誰かがいる
ことだと思う。

少々思い起こします。このお店のオープンを目指して、今よりももっともっと子供っぽい大人であった頃のみんなを。

母体であるデザイン事務所の中に誕生した「デザインの百貨店＆カフェ」というプロジェクト。名前はD&DEPARTMENT PROJECT。Ｗｅｂデザイナーやグラフィックデザイナーという仕事をやりながらの過酷なものでした。今流行りのデザインユニットによるカフェ計画とは最初から違っていたと思う。そこには「現実化する」にはいったいどうしたらいいかという、かなり頭と労力を駆使しなくてはならないことが山ほどあったのです。

そして、そんなプロジェクトの中に西村理恵はいました。Ｗｅｂデザイナーの彼女はできることをとにかく積極的に手伝っていました。三田の倉庫をカフェに開放するという時も、貴重な休みや仕事が終わった時間を三田ｄに通って接客をしていました。ただでさえ忙しく、また、徹夜で事務所に寝泊まりの状態でも、彼女は三田ｄにやって来て、他のスタッフとともにお客さんと時間をともにしていました。このお店を語る時、この「今、できることをとにかくやる」という無謀なプロジェクトの中の通過点である三田dのことは語らずにはいられません。また、一番「無謀」なことをしていた時ではなかったかと思うのです。

そんな貴重な時代を作ってくれた西村さんが結婚をします。とにかく嬉しく、また、感慨深い。物事はたいていは「人」で作られています。青春のようなこの三田dの時代を振り返る時、そこで誰が笑い声をあげ、手を叩き、いっしょに何かを運び、夜中に酒を飲んでいたか。その思いに浸る時、たくさんの人がいて、結婚を控えた西村さんもいました。きっときっと、彼女にとっても、その時、その時代にいたみんなの笑顔が何年後かの酒の席になって鮮明に蘇ると思うのです。

青春とはいつの時代、どの年代からでも始めることができます。青春とは、自分に無理をしてがんばることだと思います。その時はつらいだけかもしれません。たいていの人はその時のつらさからおそらくは逃げ出すだけでしょう。「あとになって思い出になるぞ」と思いながら、そのつらさの中に身を置ける人などほとんどいません。

そして、青春とは、周りに誰かがいること。バイトの上司、その時に知り合った人々、お客さん、チームのメンバー、団地仲間、営業所仲間、そして、D&DEPARTMENTにもそれはあるように思います。いっしょに誰かと時間をともにする時、願わくば、そこにいる全員が「あの時は面白かったよね」という全員にとっての青春になればいいと願います。

西村さんにとってそうであることを思いつつ、結婚おめでとう。

看板を付けることで、
気持ちが一段と、
整理される。

借りた物件は、駒沢公園でオリンピックが行われていた年に建ったもの。長らく地面置きの電飾看板にカッティングシート文字でしのいでいたけれど、それは夜になると目立ちません。

もともとグラフィックデザイン事務所だから、いつか自分たちの建物に店の名前をかっこよく入れたいと思ってきました。今日はその文字が建物に付きます。

業者のトラックが到着し、荷台にD&DEPARTMENTの切り文字を発見し、みんなで喜びました。自分たちの名前が外に向けて取り付けられることについて、なんとも言えない、本当、うまく言い表せない喜びがあった。

手書きから、お手製カッティング文字。そして、注文してプロにカッティングしてもらった文字を見て感動しました。ついには立体の文字看板で、しかも、照明が灯る。早く夜になればいいのに。

いろんな無茶をした方が、
絶対に人生にとっていい。

生きているなら、いろんな無茶をした方がいい。何か人生の年輪のようなものがあるとして、あとに見返すと、異常に線が濃くなっていて、そういえばそうだったよなって思うでしょう。

いろんな種類の無茶をしなくてはダメ。そう思います。仕事の無茶。部活動の無茶。上司との無茶。兄弟の無茶。親子の無茶。旅行で無茶。そして、無茶な恋。あの時はどうかしてたよという人生の無茶があって、その時間だけやたら濃くて。それを何と言い直すかというと、僕だったら「青春」と言い換える。だから、どんな年齢になっても、青春はある。青春はやって来るものではなくて、自分で無茶をしていなくては味わえない。そう思います。

毎晩、本当に毎晩、明るくなっても何かをしなくてはならない今。安い給料しか渡せないけど、どうか、どうか、D&DEPARTMENTのクルーよ。港に着くまでの毎日を青春だと思ってほしい。というか、思ってるでしょう。きっと。こんなのないもの。こんな無茶。きっと、同年代の友だちたちは「あんた、もういい歳なのに、いつまでもそんなこと、やってていいの?」なんて、きっと、

きっと、みんなを不安にさせるようなことを言うでしょうね。でもね、クルーよ。いいじゃない、そんなこと。周りの生きざまとみんなとは違うもの。30歳になったら30歳らしいことをなんて、もういいじゃない。何か、確実に燃焼した濃い年輪が、みんなには刻まれるのだから。これが完成したら、きっと、人の10倍、何かができるようになっているから。

ずっと議論してきた
「人のいない2階にカフェを作る」を
実行する瞬間を、
みんなで共有した。

「2階カフェをオープンします、会計は2階レジで行います」。全員が携帯している無線機のモトローラでの一斉放送。先週、11針を縫う大ケガをして、通院中にもかかわらず働いているスタッフの松添からのアナウンスに、心臓が躍りました。検診を受けるたびに「傷口、開いてますよ、歩き過ぎてませんか?」との警告が。しかし本人にとっては、今はそれどころではありません。

1フロアの状態で約200坪。都内にあってはおそらく最大級のリサイクルショップ。それを2倍の400坪にしたのが、先週。同時にいろんなプロジェクトを立ち上げ、その中に「1階はレストランに徹して、2階にカフェを」という計画があった。しかし、オープン当日を迎えても2階カフェでお客さんがお茶を飲むことはありません。それどころか、「CLOSED」という看板すら、2階カフェ部分にはかかったままでした。

なぜ、開くことができないのか。2001年6月16日現在、正式スタッフは10名。アシスタント（アルバイト）は2名。さらにシステムに強い本社の菱川を入れると13名。そのすべてがフル稼働しています。フル稼働しても、2階にコーヒーを持っていくことは無理でした。雑貨売場は2階に移動させたことで、売上げが下がり、その原因解明に店長の斉藤善与と清本路は必死でした。その横で遅れていく会員サービスについて試行錯誤を繰り返す外川。

もちろん、お客さんがやって来れば作業はそのつど中断。梱包、応対をしていて一向に改革は進みません。と言うと、まるでスタッフに声をかけるのが迷惑なように聞こえますね。ごめんなさい。中断してもお客さんとのやりとりの面白さの方が断然上です。柴田は病気でダウン。高橋はデザインの仕事を中断してホールで食事をサーブします。1階のレジにも人がいなくてはならない。僕と藤原のプロデュース組は、次なる計画を練ります。レストランはこの時間、てんてこまいになります。厨房2名、ホールは3名。とても、2階カフェを開く状態ではありません。

まだ、食事を出せなかった頃、いい感じの静けさを持っていたカフェは、代理店の企画書作りや読書に最適でした。しかし、食事を出し始めると、お酒も交じり、静かな状態を作りにくくなっていきます。

当初から、この賑わいは予想はついていましたが、そうした雰囲気を好んでいたであろうお客さんが消え始めると、なんとかしなくてはならないとあせります。そして、自然に、カフェを2階にということになったのです。当初、1階でお金をもらってトレーで各お客さんに自分のコーヒーを運んでもらうスターバックス式の話も出ました。しかし、お店が目指しているサービスとそうしたテイクアウトタイプのサービスはあまりにも違って却下。では、スタッフがひとつひとつの注文を受け、持って上がろうということになりました。

コーヒーを2階に持って上がる。簡単そうですが、それに付随したサービスを考慮すると、中途半端にはできません。できないくらいなら、できるまではやらないということに決定していました。しかし、今日、その第1弾として、実行の合図が全員に行き渡りました。僕だけではないはずです、「ついに、来たな」と思ったのは。

やりたいことはいっぱいあります。それを限られたスタッフでどう現実化するか。そこに大きな壁はあります。しかし、今日の松添のアナウンスは、その大きな壁のひとつをひょっとしたら突破できるのかもという、全員の期待の中に響きました。

gtoki
ARTMENT PROJECT 2002
ING FURNITURE A60
ed-11.11.mon Supported by Heineken Japan K.K.

2002

「ぬけた感じ」という
居心地のポイントに。
とにかくこだわる。

東

京という場所にいると「ペース」を見失いそうになります。仕事もプライベートも。都心にカフェだけを出してはどうか、という意見が出たことで、大阪店はカフェレストランと美容室だけにしたら……などなどいろいろと構想は行き交う。そんな中で譲れないのが「ぬけ」だと思いました。僕はどんなことにも、この「ぬけ」ということにこだわってしまうようです。

たとえば、ビジネスならば、やろうとしている業種に「ぬけ」があるかはものすごく気になります。そんなわけなので、自分が住むところも「ぬけ」がないとダメ。それは「広い」ということだったらよいのですが、東京では、広さはお金に比例するので諦めるとして、眺めがいいとか、空が見える天窓があるとか、崖っぷちにあるとか、川べりにあるとか、そんな「ぬけ」を求めています。

今、住んでいるマンションのベッドルームの前は第三京浜という道路が。防音壁がある場所の上、小高い丘のようなところに建っています。だから、ベッドに入ると目の前は空。覗かれることなど絶対にないので、カーテンも付けていません。この部屋が気に入ってここに決めました。

「ぬけ」というのは、おそらくふだんで言うところの「息の抜ける感じ」です。「ため息」だったり「一服のタバコ」だったりもするでしょう。人生の半分は睡眠していることから、寝る場所はとても大切ですし、自分の家が窮屈ではがまんできません。広いマンションや戸建てに住めないのであれば、狭い環境に「ぬけ」を作るのは工夫次第というところ。

都心にカフェだけを出店してそこで利益を……という話の中で、確かにそうだけれど、と、自分で何かに引っかかっていることに気付きます。それが「ぬけ」でした。今の世田谷・奥沢のプロジェクトの場所探しも、第一条件は「ぬけ」でした。お店に来たことがある人はおわかりの通り、だだっぴろい単純な「ぬけ」があります。それを見てお客さんが「ぬけ」から何かを思い出す。なんとも言えない感覚。

小学校の入学式で初めて入った大きな体育館の「ぬけ」。親に連れて行ってもらった初めての海で見た永遠と続く水平線の「ぬけ」。なんでしょうね。人間ですから、生きてきた思いを持っていたい。それは日にちを記憶しているくらいの明確な思い出なんかじゃなくたっていい。「なんとなく」で。そう考えていると親の寛大さを思い出しました。

新しいサービスの可能性。
近隣に住む人との
つながり。

D&DEPARTMENTを作って、特に「ナガオカ日記」を書き始めて、本当に予想もしていなかった多くの人からメールをもらい、また、直接会ったりもします。新しく家具屋を始める人、先代を継いでどうしていこうかと考え悩む息子さんとか……。ある人は「悩みの駆け込み寺ですね」と言ったりもするこうした一連の出会いの中に、一生けんめい、そこに潜む答えを考えています。

もはや、ユニクロや通信販売のような、なんというか、昔では考えられない「販売方法」とそこから派生する「価値観の崩壊」によって、モノを作り販売していく人々は、本当に苦しい局面にさしかかっているように感じます。D&DEPARTMENTはインフラのつもりであり、デザインの思想運動のつもりですから、やはり、志の高い人には気に留めてもらっていたりします。

Ｗｅｂの世界に「リンク」というものがあります。「リンク貼らせてくださいね」と、気軽に今はお願いされています。これを実際の路面店舗同士が、もっともっと考えて、お互いのリンクを考えるというのが、今の時代を生き抜き、また、考えを深く持って商売をしようとする人たちの答えのように思います。そして、毎日、連絡をもらっている、また、そうした人たちとじかにお会いしているこの行為こそ、「現実店舗同士のリンク」の前兆のように考えたら、どんなに可能性を持つかと思うのです。

D&DEPARTMENTは、今は非力かもしれませんが、そうしたインフラであり、リンクの元となりたいのです。つまり、昔の「百貨店」です。百貨店は昔はオリジナリティに溢れていたと思います。セレクトするもの、それに対ししのぎを削って売り込む卸業者。コンセプトがあり、そこに買い物に行くことそのものが、生活への大いなる刺激となっていく。それがあることで、様々な「今までにない」サービスが誕生し、その百貨店の周辺にも影響を及ぼす。

それが、今の百貨店はどうでしょう。「リーシィング」というどのブランドを誘致するかの争い。プラダなのかヴィトンなのか……。それは、はたしてその百貨店のにとって何なのか。短命な無個性な装いのようにしか思えません。ヴィトンはヴィトンです。その百貨店のセレクトやセンス、意識ではなく、単なる「場所貸し」です。もはや、自分たちのセンスを見せる場としてではなく、生き抜くための、集客のための、話題作りのための「ブランド」依存です。

最近はそれもエスカレートして、百貨店の玄関をくぐらなくとも、路面からダイレクトにそのブランドショップに入ることができるようになりました。これはまさに「場所貸し」を超えた「土地貸し」以外の何ものでもありません。そして、そのブランドの売上げが下がれば、また、元気のあるブランドに差し替えるだけ。これが、今の百貨店。とてもさみしい。もっと、その土地に合った思考を持ちたい。その土地でしかありえないエッセンスが欲しいのです。そして、それらを開拓する強い意志も。

D&DEPARTMENTがこれから始める「引き取り」。これはひとつの私たちの答えです。大阪店の引き取り先は周辺に住む人々です。大阪でしか集まらないものと情報を精力的に引き取り、集める。そして、普遍性という思想の窓口となり、現実的なリンクをしていきたい。

愛知県の外れにあるホテルに泊まった時、その「プリンスホテル」というある質を提供する場の枕元に「マッサージサービス」と書かれ、内線番号がありました。内線にかけて、それをお願いすると、30分後に小太りの白い杖を持った人がやって来ました。その手さばきは、過去にかかった、どのクイックマッサージよりもすばらしいものでした。そして、1時間ほどでサービスを終えて帰っていきました。この人はこのホテルがあることで仕事が生まれている。また、この人のおかげでこのホテルは、「マッサージ」というサービスを提供することができているのです。

お店とは、その土地に腰を据えることで「環境」となることを、もっともっと考えたい。ただモノを売っているだけでは、「環境破壊」や「汚染垂れ流し」の行為に等しいものもあります。このマッサージ師のように、近隣に住む人とのつながりが、その場所にひとつ、新しいサービスを作る可能性を探したい。僕が、D&DEPARTMENTが、リサイクルや引き取りにこだわるのはそこなのです。

「大人っぽさ」という
楽しいテーマと
格闘する。

最近、大阪店のことやホテルのことをよく聞かれます。特に「なぜ、大阪か」ということはたいていの方の興味となっているようです。答えはシンプルです。離れた場所にD&DEPARTMENTを再現したい。そして、大阪が好きだからです。

この「離れた場所に再現する」こと。僕の中で非常に興味のあることなのです。そこには、一番難しい「人間的な再現性」もありますし、リサイクルという一点ものを流通させるという「流通しないもので品揃えをするD&DEPARTMENTの再現性」という点もあります。お店は実は細かいパズルのピースのようなもので構成されているように思うのです。僕はそれを指して、スタッフには「大人っぽい」と言っています。どんな子供っぽいことでも、再現性が高ければ、僕にとってはとっても「大人っぽい」ことになります。

たとえば、中古車を使っての屋台。そこにある手書きのメニューや廃材を使ったテーブル。これらも、同じ屋台として全国に10ヶ所あれば、大人っぽさをかもし出し、「大人っぽさ」があることで生まれる「大人のビジネス」の可能性が出てきます。主婦の不用品交換サークルも、会員が2万人とかになると、そのスケール感から来る「大人っぽさ」が何かを産み始める。

その仕組みさえ感じることができれば、どんな素人でも、未経験者でもたいていのことはできます。僕はその感覚を持って、デザイン事務所も映像の展覧会も、カフェも雑貨屋も作ってきました。

その「大人っぽさ」、簡単なことでたとえると、民間のバザーにはなく、百貨店のバーゲンにあるもの。学校の文化祭にはなく、広告代理店が仕掛けたイベントにはあるもの。プリンタの出力にはなく、印刷物にはあるもの。日曜大工の犬小屋にはなく、ホームセンターで売っている犬小屋にはあるもの。

お店の話に戻ります。無数のピースとは、わかりやすいところではロゴマークやカラーなどの視覚的なものがあります。細かいところでは、照明の明るさやＢＧＭ、店員の言葉遣い、使っているボールペンの種類……。それがどんどん細かくなっていき、最後には霧のようなものたちになる。それを人は「雰囲気」と言う。形はない、説明できない。

マニュアルをもって、また、ビジュアルアイデンティティの発想をもって、視覚的に、また、対人間的にサービスやモノを統一して遠隔地に再現しようとする。それは、いわゆるフランチャイズ的なものとしてありますし、僕らでも心底がんばればできる。しかし、雰囲気というものがとてもやっかいでわからないのです。そこに限りなく「挑みたくなる」ポイントがあります。

たとえば、恋人がいて、その人の車に乗せてもらう。家に遊びに行く。そこにある細かなものたち。食べかけのビーフジャーキー、アクメで買ったイス、毛足の長いラグ、使っているシャンプー、古いマンションの微妙な下水の匂い、壊れたラジオのノイズ、ずれたドアノブ、お気に入りのマリア・カラスと、チーク材のフォトフレームに収まった吉田美和。レトロな室温計、70年代のＢＭＷ、ペパーミントグリーンのプラスチックスのジャケット、ヘルムート・ラングのニット……。そんな彼に連れられてあるホテルに着く。そして、部屋に入ったとたん、あなたはこう言います。「あなたらしいわね」と。そこには、下水の匂いはなく、マリア・カラスもいない。それなのに、その人らしさを感じる何か。

そう、それが「雰囲気」。

マニュアルをもって人はそれを人工的に作ろうとします。しかし、それは、努力とは正反対に、何もしなくても自然と作られていきます。しかし、それがなぜ、そうして作られたかは、再現することは難しい。しかし、その再現しようとするものが「大人っぽい」のであれば、再現することはがんばればできます。まずは「大人っぽい」ということを目指すのです。

試しに、何かをする時にひとつひとつの行動にこう問いかけてみればいい。「これは僕っぽいか」と。お店ならば、お店の名前を連呼する。「これは、D&DEPARTMENTらしいか」と。スタッフとのミーティング、「このミーティングはD&DEPARTMENTらしいか」。照明を変えてみる、「この照明はD&DEPARTMENTらしいか」。バイトを面接する、「この人はD&DEPARTMENTらしいか」。食べ終わった料理をお客のテーブルから下げる、「この下げ方はD&DEPARTMENTらしいか」。商品配送のため車を運転する、「この運転姿勢はD&DEPARTMENTらしいか」。スタッフ全員で食事をする、「このレストランはD&DEPARTMENTのスタッフが食事をするところらしいか」……。

その全部をパズルのピースのように視覚的・聴覚的に確認して、それと同じものとして再現する。大阪に、ニューヨークに。そして、そこに、視覚でも聴覚でも触覚でも説明できない「雰囲気」もいっしょに持って来ることができているか。

渋谷のマクドナルドと名古屋のマクドナルドの違い。微妙な居心地。そして、雰囲気。はたしてその正体とは。もちろん、寸分違わぬことなど、目指してなんかいません。単にモノをいっしょにすることで、疑似的なコピー、つまりフランチャイズ的な「大阪店」ではなく、まったく何もかも違うのに「D&DEPARTMENTっぽい」ということを目指したい。人はそれを作ることができたりします。「あの人らしいね」といういろいろ。まったくばらばらなショップの構成要素なのに、また、ばらばらな立地だったりするのに、「D&DEPARTMENTらしいね」という多店舗展開をしたい。

まずは「大人っぽさ」。これを持っていないとそこにはたどり着けない。わかるかな。

コラボレーションを
断られた
老舗喫茶店に
大いに学ぶ。

「アイラブアイデンティティ」というコーナーを作っています。元は10年以上前に出版した初の著書『コマボン』（扶桑社）の中で書いた「新東京みやげ」という発想から来ています。

東京にやって来たおしゃれロンドンっ子。東京へは何度か来ていて、日本の外国人向け観光名所は巡り尽くした。とは言っても、京都や奈良の趣には感動しっぱなし。そんな彼が「今、東京で流行っているもの、買って来てよ」と、友だちに頼まれた。東京の知人に聞くと、いろんなことを教えてくれたが、それらをひとつひとつ集めていると大変。

そこに、あるお店にこんなコーナーがあると聞いた。そこには、東京で普遍的価値を放ちつつ、今もなお、衰えず営業しているショップのグッズが集まっている。東京の人にすら、「どうやって手に入れたの」と聞かれるそんなグッズこそ、彼が探し求めていたもの。そのコーナーでグッズを買って帰国し、友人にプレゼントした。中でも日本人のガールフレンドには大ウケで、「よく知ってるわね、バワリーキッチンなんて」と、ちょっと嬉しい思い……。と、そんな発想です。

先日、商品取扱いを交渉中のひとつの喫茶店から「お取引は難しい」という連絡を頂いた。

老舗喫茶店「銀座ウエスト」です。僕はウエストが大好きです。あの気取らない感じや、時代の不必要な激流を一切排除したような王道感は、こんな時代にあって頼れる母のような存在です。オーナーに直接交渉し、その時点では「面白そうなので了解」というお返事を頂いたのですが、実際にD&DEPARTMENTを見て頂いてＮＧが出ました。要するに、ウエストの持つイメージと違うということなのでしょう。非常に残念。と同時に、僕らはまだウエストのレベルまでは行っていないという解釈をさせて頂く。つらいけれどこれは現実。かなり落ち込みました。

「コラボレーション」という言葉がありますね。よく、使われている言葉で、僕はあまり好きじゃぁりません。現実、そんなにかっこいいことじゃないと思うし、真のコラボレーションとは、きっと、実力や持っている価値がいっしょのレベルの合作ということなんでしょう。なんか、巷で氾濫している「コラボレーション」とは、どちらかに頼っているのが見えてしまって、なんだか……（主観です。僕の）（日記だからいいかぁ）。

目が覚めるようなコラボレーションが見てみたい。

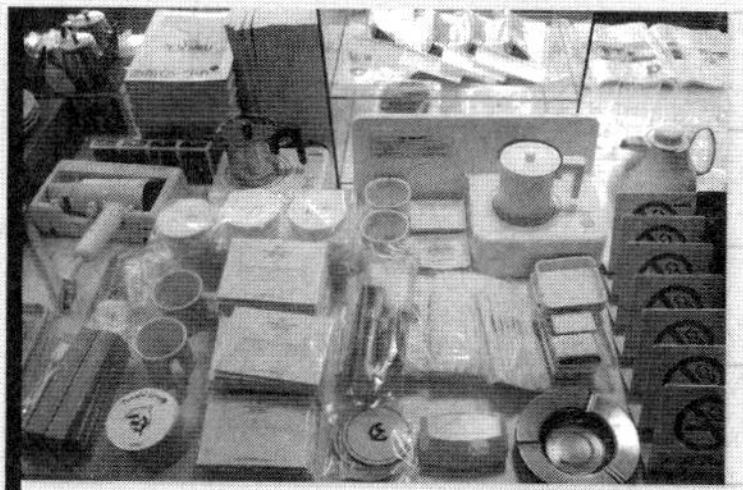

できないかもしれないことを
宣言して、
笑われながら
突き進む。

昔っから「ブランド」の持つ「仕組み」について興味がありました。「ブランド」とは、モノを指すような感覚がありますが、そう簡単には作れるものではありません。僕の中では「オリジナル」という言葉と同じくらい難しい（オリジナルの難しさについて書いた日があったなぁ、日記でね）。

ブランドとは、はっきり言って「お客さんの心の中」でしか作ることのできない「価値」だと思います。それを、ビジネスショーあたりを覗くと、「私たちのブランド」と、連発しています。また、「ブランディング」という言葉に潜む意味も相当難しいと思います。

僕の中の「ブランド」のイメージはこうです。

それは人の心の中にある器。直接には絶対に触ることはできない。この器を持った人がある場所に立ち入る。その人はその場所から受けるすべての中で、これはいいと感じたものをその器の中に少しずつ入れていく。

それは「お裾分け」をすることもできる。その人と仲のよい人に、そんな器に注がれたものを、

「一杯、どうですか、先日、おいしい飲み物を仕入れてきました」と、まるでおいしい地酒でも酌み交わすように人から人へ「その人の感じた言葉」とともに注がれる。その人はそれをゆっくりと飲み、これだったら僕も欲しい、と、その場所を教えてもらう。しかし、その場所は屋外で、雨や嵐の日もある。それをいつも、一定の環境で来るか来ないかわからない人のために整える。

また、その人はそのおいしい飲み物を仕入れに来る。ある日、そのすばらしい場所に名前があることを知る。そして、その場所の名前を綴ったものがマークになっていることも知る。その人はその日から、そのマークを目にしただけで、その上質なものを体じゅうで思い出すことができた。

「ブランド」とは、あたりまえですが、マークのことではありません。そして、「ブランド」とは、「ブランドを作る」という意識がないと、絶対に作れない。そう思うのです。「ブランドを作る」とは、下世話な感じで「何かのブランドを目指し作る行為」ではありません。「自分のやっていることをブランド」だと意識してそれを作り込む意識。きっと、そんな意識を持って数年、数十年、それを繰り返すことで、お客さんの側が認めた時に、それはめでたく「ブランド」となるんでしょうね。

「ブランド」の完成はお客さんの心の中でしか確認できず、自分たちの意識が上質な接客を目指したところで、とうてい及びません。マニュアルを作ってなんとか徹底したとしましょう。床もピカピカに整え、料理も商品の状態も最高だとしましょう。しかし、そのお客さんがトイレに行って便器が汚れていたとしたら、お客さんの「心の器」が、パリッと割れてせっかく溜まりつつあったおいしい飲み物がこぼれ始める。

店員のあくび、ムダ口、窓の汚れ、姿勢、配送車の汚れ、階段に落ちている髪の毛、グラスの汚れ、接客の語尾、おつりの渡し方、爪の汚れ、セレクトされた雑誌の種類。

ささいな部分のこだわりでも、オーラとなって絶対にお客さんに届きます。それはわずかなすき間からこぼれ出した水のように、すぐにわかってしまうのです。

絶対揺るぎない品質へのこだわり。安全へのこだわり。平等感……。お店のレジで爪を噛むヴィトンの店員はいるでしょうか? 貴重なボタンのついた服をクリーニングする時に、全部のボタンをひとつひとつ外してクリーニング後に元の位置に付け直す帝国ホテルの品質……。

「ブランド」を築くためには、お客さんとの接触は避けられない。100人のお客さんに100種類ばらばらの対応をし、100件の満足を目指し、数え切れない「見えないこだわり」がそのサービスに込められた時、単なる行為やグッズは「ブランド」として輝き始めます。もちろん、僕も興味はあれど、実現などできていません。

僕の机の上には、飲みかけのお茶のペットボトルや、乱雑に山盛りされた商品カタログがあります。小銭が散らばり、せっかくもらったバカラには、ほこりがかかっている。でも、いつか、この机もきっちりと整頓される日は来ます。だって、僕らは「ブランド」を目指すことを始めているから。失敗も完璧にやりきれないこともあります。しかし、僕らは「ブランドを作る」という長い長い旅に出ているのです。

わかってもらえる人の心の中を覗けるならば、これは確信があります。そんなお客さんの心の中に、少しだけ、器のようなものができつつあって、ほんの少し、本当に少しだけ、おいしいお酒のようなものが溜まっているはずです。こんなことを書くこと自体、とても変なこと。しかし、いいじゃない。僕らは「ブランドを作る」ことを宣言し、そのつたなさを笑われたとしても、それでいい。

ここに来るお客さんの心の中に何かを作り、溜めていくという行為について、いろんな人が考えを投げ込み、器は時には割れたりもするかもしれません。けれど、どんなに難しくても目指すんだと、声に出し、努力し、工夫を凝らすことの大切さも知って欲しいから。

20年経ってもできないかもしれないけれど、がんばろう。僕らはブランドをお客さんといっしょに作るのだから。

「あの時はすごかったよね」
という時間は、
今の努力でしか作れない。

工房の奥、店の片隅に売れないベッドがあります。今日、それは新人、新井君の泊まる場所だと聞きました。聞いたのは閉店準備を始める頃、この時間にいるということはまた、電車がなくて帰れないのでしょう。今日で3日目。「帰れないの?」と聞くと、「今日は下っ端ミーティングをする日なんです」と言う。もちろん、そんなミーティングを開けとは言っていません。彼を含むカフェスタッフとの自主ミーティングだという。ディレクター部屋でも、居残りの諏訪と高橋、店長の斉藤がいます。

月刊で発行しているフリーペーパー『d』のレイアウトをしています。諏訪には副編集長をやってもらっています。僕は編集長ですが、何も手伝っていない。僕は今回は「そばにいる」ことを任務としています。そして、「ものが進む楽しさ」や「ものを進める苦しさ」を楽しんでもらっています。やがて、『d』は完成するでしょう。そして、自分の〝分身〟のような愛着を持って、それは手渡されていくでしょう。

こんな若いスタッフの姿を見ると、いつも思い出す言葉があります。安藤忠雄さんの言葉です。「僕らは、建築を作らせてもらえる時期がある」と。これは、年齢のことを言っている。このあとも言葉は続くのですが、こんなことだったと記憶しています。その、作らせてもらえるとは、「作れる」とも言い換えられます。知識のないまま、夢を見てひたすらに勉強をして、社会に飛び立つ。しばらくは下っ端で何をやっても地に足が付いていない思いで焦る。焦っても焦っても、何も「自分」という存在が確認できなくて、それでも、「焦らないよりはましだ」と、決めてかかってひたすらにがんばる。

そこには目に見えるものなど何もなくて、「かすかに見え隠れする自分の将来」をイメージさせてくれる上司や人がいるだけで、気の利いた同僚にも巡り合えず、自分ひとりの戦い。濃い霧の中を「歩かないよりまし」と思って歩き続ける。すると、ある時にウソのように目の前が開ける。実体が見え始めたから、何をやろうとしても、しっかりと形にできる。この感触のことを「地に足が付く」と言うのかもしれないと。

そして、そんな時間とは、「ものを作らせてもらえる」貴重な時間であり、もう、人生の中で、後戻りはできないし、この「作れる」時間をムダにしてはならないと。もちろん、わからないけれど進み続けたから、今がある。

16日の日記を読んだビルオーナーの松本さんがこんなメールをくれました。以下は本人には無断ですが、あまりにも僕のツボにはまったので、そっくりペーストします。

――このあいだナガオカ氏から「今の時代はどうですか」と聞かれた時に、話せなかったのですが、僕は、情報量が昔とまったく違い、本当に経験したことと、頭に情報として入ったことを混同して「理解」してしまい、なにかを始める前に結果を求めてしまう人間が多くなって耳年増、目年増？の時代だと思います。だから逆に自分で何かをやってみたい、始めてみたいと思っている人は多いけれど、たとえばナガオカ氏の会社にどうしても入りたいと思って入る20歳の人間が、入ってみたらナガオカ氏の域に達するのに17年かかるのがわかった時点ですぐ辞めてしまう。自分でやってみることより先を読んで行動する若者が多くなっているようです。私の会社でも30歳ぐらいで、話している仕事の内容は私とほとんど変わりません、ただし何か問題、自分の情報にない出来事が起こった場合パニックになり、人のせいにしたり会社のせいにし、すぐ逃げたがる輩が多くなっているように感じます。問題が起こった時こそ、自分で処理することで貴重な経験になるのですが（松本氏）――。

37歳になった今、きっと、松本さんのこの指摘はもちろん僕の今にも当てはまります。「若者よがんばれ。僕もがんばるから」。そして、いっしょに突き進みましょう。えっ、どこへ？って、それは「わからない」。

「お試し期間」を
認め合う雇用じゃないと、
新しいことなど
できない。

今日は就職の話。今日、遊びに来てくれた若松君と「仕事」の話になって面白かった。そもそも、「こんなことはできるだろうか」とか「こんなものは作れないか」という、いたって実験的なスタンスから「もの」というのは生まれなくてはならないのでは……という話。うんうん。そう思います。

D&DEPARTMENTに就職を希望している人の話を聞いていると、おそらく、どこの企業でもそうなのだろうなぁと思いますが、ビジョンがなさ過ぎる。そう思う、というか、感じるのです。中には「タダでもいいから働かせてください」と言う人もいますが、いざ、働いてもらうと「ただのタダ働き」で、それが「どうしたの?」という感じになる。「何でもします」という人も多いのですが、結局、「何でもする」ことでストレスが発生して辞めていく。

きっと、D&DEPARTMENT側にものすごくはっきりとした雇用のビジョンがあって、「じゃあねぇ、これ、やってみてよ」と言われることを待っているように見えます。しかし、そんなものはなくて、「そんなにいっしょにやりたいのなら、ここで〝何を〟やってくれるのだろうか」なんて、こっちも絶大に期待をします。しかし、何もないんですね。就職ってそんなものですかね。

カフェで働きたい。しかし、D&DEPARTMENTのカフェに来るのは初めて……なんて人は多いです。これは何でしょう。単なる「職場」「仕事」に見えるのでしょうか。自分の働きたいことや場所、内容、そして、自分が今、そこでできること、やりたいことがなくて、どうして就職などできるのか……。雇用条件が厳しくなったのは、真剣に就職を考えない側にも責任はありますね。今や、「どうしても働きたい」というセリフが、とてもウソっぽく感じられるのは、僕だけではないでしょう。

D&DEPARTMENTでの最初の１ヶ月は、時給は労働基準法ぎりぎりで、交通費はなし。残業代なんてもちろんありません。それに対して、「雇用がしっかりしていない」と文句ばかり言われますが、「では、あなたの労働はしっかりしてくれるのか」と、聞きたくなります。

１ヶ月間は〝お互いさま〟という発想です。

軽はずみな応募の
多さにあきれる。
何枚も熱烈な
手紙を添える人ほど、
すぐに辞めてしまうのは
なぜ？

スタッフ募集をしています。大阪店を6月にオープンさせる予定であることと、東京プロジェクトに対してです。どんな内容の仕事があるのかという説明の前に「どんな人と仕事がしたいか」という、僕らの気持ちから話します。

まず、「がむしゃらにとにかくやらせてください」みたいな人は、はっきり言って判断ができないんです。当初、そういう意気込みを買っていましたが、大半はそれだけでは長続きしないものだということがわかり、熱意だけを言われても判断しないことにしています。冷めていると言われるかもしれませんね。でも、そういう人は多いのです。履歴書の後ろにびっしりの熱意と、それでも書き足らなかったのか、別紙手紙を数枚、添えていた人でも、続かないことはあります。

これは何でしょうね。今までのことを見ていると就職経験のない人は難しいです。あまりにも常識がなくて、いっしょに仕事はできませんでした。もちろん、例外もあります。ただ、たとえば、「将来、カフェを開きたくて……」と言っている人ほど、勤まっていません。最近の若い人（なんていう表現はしたくはありませんが、ひどくて）の「やりたい」って、本当に簡単です。あきれます。カフェ未経験者が「カフェをやりたい」なんて言っていてはダメです。まず、どこかで3年くらい働いてから言って欲しい。

雑誌やドラマの見過ぎなんじゃないの?って、言いたくなってくる。同じように、「雑貨屋をやりたくて」とか、「家具を扱ってみたくて」という「未経験者」は間違いなくいっしょにはやっていけません。だって、辞めていくんですから。経験がないのに「やりたい」と言うことの意味を考えてもらいたいです。どんな職業もそうだと思いますが、内容なんて大差ありません。その仕事の周辺にあるものは、いっしょです。「人間関係」「汚い雑務」「タイムカード」「遅刻」「めんどくさいお客」「苦手なスタッフ」「通勤の不便さ」「現実的な給与」「目に見えない査定」「同僚との相性」「将来の不安」「彼女とのデート時間がなくなる」「昼ごはんが時間がなくて食べられない」「集団の飲み会に溶け込めない」「周りのスタッフはあまりにも志が低い」……。

夢や希望を語ることなど、誰にでもできます。しかし、以上のような事柄を全部承知して、職場と一体化して、しかも、自分の夢と照らし合わせることができる人など、よっぽどです。先日もホテルの採用の方が言っていました。いい人材はホテルからやって来る。決して、新卒者ではない（もちろん、一概には言えません）。そう、言わせる事実があるのです。

採用する時、僕らは決して半端な気持ちで人を選んだりしません。それはいい人を入れないとこちらのテンションが下がるからです。ちょうど、鉄の熱伝導といっしょ。熱いものと冷たいものが重なると、熱いものは冷たいものに熱を奪われ、冷たくなってしまう。僕らは熱く活動したいわけだから、常温の人ならば可能性はありますが、冷めた人とは接したくもない。熱を伝えていくことに抵抗を感じるんじゃなくて、自分が「冷たさ」をもらってしまうようなことはしたくないということなのです。たくさんの中からひとりを選び、その人にまず、マニュアルといっしょに数十回のミーティングをする。意識をD&DEPARTMENTに没頭してもらいながら、その人に適した仕事のやり方、場所を探っていきます。1ヶ月はかかるその過程で、大半の人は辞めていきます。はっきり言って「罰金」をもらいたい気持ちになるんです。今まで「そのスタッフ」にかけた時間を返してもらいたい。本当に「あなたの〝やりたい〟って何？」と聞きたくなる。

ある意味、恋愛に似ています。いきなり「結婚してください、僕はあなたを好きです」と言われても、結婚できるでしょうか。お客さんとして訪れた時のD&DEPARTMENTのイメージが「恋愛」で、そんな〝大好きであろう〟D&DEPARTMENTへの就職は「結婚」といっしょ。「恋愛」と「結婚」は同じではありません。「恋愛」で楽しいからといって「結婚」が適するか。それはイエスではないでしょう。先ほど、書き連ねた要素は「結婚」としての「就職」後に現れる「恋愛の下に潜む現実」であり、それもひっくるめて「やりたい」とは、よほどの経験者しか言えないはずです。

また、家具を作りたいと言って入って来た人に、連日、掃除をやってもらうと辞めていきます。もちろん、家具を作りたかったわけで、掃除がしたかったわけではないという理屈はわかりますが、「環境」すべてが「もの作り」を左右するという感覚を持っていなければ、D&DEPARTMENTでは無理です。スタッフが意識を高く持てば、かなりの無茶もできます。ホテルだって絶対、いつかは作れるでしょう。そういう意味で、D&DEPARTMENTは「単なる就職先としての職場」ではありません。バンドのようなものだと思います。志の高い人同士で、かっこいいことをしたい。そう、強く願っています。なので、中途半端な人は「それに自分が気付いて辞めていく」か、「じゃまなので辞めてもらう」か、「いづらくなって消えてしまう」か、どれかなのです。
単に給料をもらい、生活をするためのベースなのではなく、できれば一生、いて欲しい。そう思うのです。前に10年間働けることを条件に日記で募集を出しました。この感覚です。10年働くには、かなりの覚悟が必要です。来たこともない、見たこともない場所に「働かせて欲しい」とは、10年間が条件ならば、言えないでしょう。恐るおそる近寄って、自分のできる範囲の調査をする。カフェに行ってみる。無理な注文をしてみる。スタッフに話しかけてみる……。僕だったらそうします。

恋愛の前にもそうするでしょ？　ひと目惚れの人にいきなり「付き合ってくれ」とは言えない。お茶に誘ってみて、映画を見て、遠距離のドライブをして、キスをして、ＳＥＸして、海外旅行をして、実家に連れて行って……。これはきれいごとじゃない「現実」に、「好きであろう相手」の反応を見ている行為と言えなくもない。

「就職してダメだったら辞める」。そういう人は最初にそう言ってください。何も期待しないし、もちろん、採用もしない。重要なのは、「自分の人生」を賭けられるかであって、賭けて欲しい。勤務地が大阪でも、どこでもいいじゃない。現実問題としては大変なことでしょうがD&DEPARTMENTの「全国直営10店舗、6年後ホテル建設計画」を考えたら、そんなことはどうでもいいと、そう言える人を募集します。10年間くらいがむしゃらにやってください。

どうして、多店舗化しなければならないか、どうしてカフェが必要か、どうして「買取り」を強化しなければならないか、どうして単に修理するだけではなくて、勉強させてもらう覚悟で積極的に修理を請けてネットワークを作らなくてはならないか、どうして、Ｗｅｂが重要か……。そんな思慮と覚悟を持ってカフェやショップスタッフをできる人を募ります。

これ、という募集職種はありません。「あなたたちのことを観察しました。将来こうなりたいのであれば、私のような○○ができる人が必要」という売り込み姿勢であってほしい。自分の給与よりも、会社の総支出の心配ができる人。募集します。東京〜大阪間を４トントラックで往復してくれる人も。「よくやっていたのに、記憶に残っていないんだ」と、がっかりさせない人を。

自分の車に人を乗せる
ということ。

大阪店準備のために、東京~大阪間を行ったり来たりしています。しかも、車で。先日はスタッフ5名でハイエースに乗って、東名、名神を走りました。実に10時間。自分でもどうして車なのか、うまく説明できません。経費が浮くということもあるけれど、どちらかというと、合宿効果かなぁなんて思います。車を運転してもらうと、人となりがはっきり出ます。

話は少しそれますが、昔、こんな体験をしました。名古屋にいた頃、友だちの山之内が毎夜、車で1時間程度の距離にあるダムの周りを猛スピードでタイムを競うという、なんというか、走り屋をしていました。僕が正社員で勤めていた喫茶店の同僚で、その彼は、旧いフェアレディに自分で3000ccのエンジンを積み換えて、信じられないタイムを出す知る人ぞ知る伝説の男でした。

彼がそんなことをしているとは知らず、僕は僕で愛車のプレリュードを毎夜、ワックスがけしている。僕にとって、その頃の車とは磨くものでしたが、彼にとっては走るためのマシンでした。ある日、彼のことを別の友だちから聞いて、せがんで助手席に乗せてもらうように。普通の道路で派手なスピンターンを白い煙を出しながら披露して、僕を喜ばせ、自分も喜んでいました。

ある日、彼が峠に行こうとしているのを見て、乗せて行って欲しいとせがみました。彼は即答します。「車が重くなるからだめ」。なるほど、それは仕方ない、と、諦めようとしていると彼は、「ガソリン代を払ってくれたら……」と、正直なところを言って、無事、僕の望みは聞き入れられました。1時間ほど走って目的のダムが見えてくる。たくさんの走り屋が集まっている駐車場に近付くフェアレディをみんなが一斉に見る。横に座っている僕は、この男の注目度に少し嬉しくなりました。すると、彼は「今から走って来るから降りて待ってて」と、言う。いっしょに乗っけて欲しいと言うと、今度はこう言った。「もしものことがあったら、いけないから」と。

この彼の思いやりに溢れる言葉は、今も僕の中に残っています。彼も僕も24歳くらいの頃です。当然、自分の走りを助手席に座らせて自慢したい年頃だったと今になって思います。しかし、無謀な運転はひとりの時しかしないという彼の考えは思いやりに満ちていました。彼女を乗せて信じられないスピードで走る男は多い。それがかっこいいと思う年頃も確かにあります。しかし、そんな自分勝手なことはないのです。スピードを出したいなら、ひとりの時にすればいい。無謀な運転をする人を見ると、心からそう思うのです。と、この大阪行きメンバーの中にそういう人がいたという話ではないので誤解のないように。

しかし、運転は人柄が出ます。特に長距離をいっしょに走ると、同乗者への配慮が身に染みる。僕はハイエースに人を乗せて運転する時は絶対にスピードを出さない。出せないのです。頭の中で、このきゃしゃなボディがもしスピンしてガードレールに激突したら絶対に死ぬと思う。万全を誓っていても、1分に一度は「パンク」したことを想像する。100キロで走っていて前輪がパンクしたら、きっと、ハンドルが一瞬で取られ、操縦不可能になるだろう。そう想像すると、ひと時も片手でなんて運転はできない。もちろん、くたくたに疲れることになるけれど。

昔、助手席の彼女にこう言われたことを思い出しました。「怖い」と。それに対して、「大丈夫だよ」と言った覚えがあります。というか、そんなことばかりでした。今にして思えば、彼女を怖がらせているのは、自分であるということにまったく気付いていなかったのです。無茶な運転をしていないからではなくて、「彼女は怖がっている」ということで十分ではないか。同乗者を不安にさせない運転。これは難しい。かなり。そこの心理を知るには、「思いやり」しかないのですね。

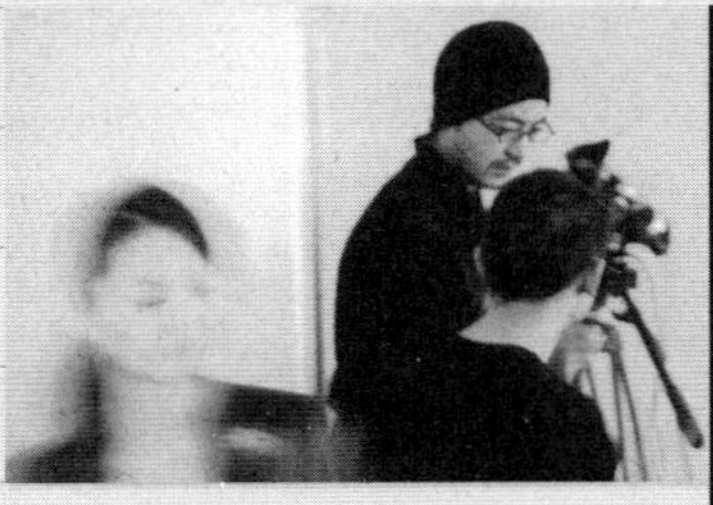

会社や店には、
誰ひとり
欠けてもいけない
バランスがある。

中学校の時、陸上部の大岩先生のあまりのスパルタに、今で言うキレたことがありました。卓球部に希望入部したにもかかわらず、夏休みの練習に1日も出なかったため、クビになった僕を、陸上部に来いと誘ってくれて、その当時にやった体力テストで懸垂が満点の21回だったことだけで、僕は「棒高跳び」という妙な競技の練習を命じられます。

当時、中学陸上界にもこの競技が導入されつつあった時で、3年の先輩は竹の棒でやっていました。それが、ある日突然、現在のグラスファイバーに変わったのです。まるで、グラフィック界に、突如やって来たマッキントッシュのように……。僕は先輩といっしょにグラスファイバーのしならせ方を先生から指導されました。そして、ある程度できるようになった時、この先生の指導に限界を感じるようになりました。もちろん、それは中学1年坊主の僕の感想でしかなかったのですが……。

そんなある日、練習をしていると、横で無理難題を言ってくる。心の中でずっと思っていたことが、がまんの限度を超えた時に爆発します。「あんた、棒高跳びやったことあるのか」。今となってもあまりいい思い出とは言えませんが、指導するということの難しさを感じる時、よくこのシーンが頭に浮かびます。棒高跳びに限らず、その経験者に指導してもらえることが一番いい。しかし、指導する人は絶対にその内容の経験者ではなくてはならないかと言えば、そうとも言えません。仕事ができなくても人をまとめる力のある人や、経験がなくても、その人がいることで、かえって経験重視の職場がまとまることは多い。

　こんな話も思い出します。同僚の菱川の話。彼がアメリカにいた時、ある有名な映画監督と仕事をしたことがあったそうです。その時、いろんなスタッフがいる中で、あるメインスタッフのアシスタントという人に雑務を頼んだ。すると、彼はこういう意味のことを言ったそうです。「僕は雑用じゃない。彼のアシスタントだ」と。アシスタントは下っ端という意味ではないという話です。この人の場合、このメインスタッフをサポートするということに徹するプロだったのです。

　この話を聞いてから、アルバイトはアルバイトの仕事の中でプロにならないといけないし、上司であっても、その仕事でプロになっていなければ、それはプロの上司ではないと考えるようになりました。現場というところを持つ職場は、手に職を持つ人が一見、強そうに見えます。たとえば、カフェを例にとると、フロアのチーフよりも、料理を作っている人の方が、また、デザートを作っている人の方が上のように見えることがあります。しかし、ここにはそれぞれのプロ意識を持ったチームプレーが存在して欲しい。料理担当は料理のプロであって欲しいし、洗い場は皿洗いのプロであって欲しい。フロアを取り仕切るチーフは、経験に関係なくそのプレーをひとつにまとめるプロであって欲しい。

現場でわがままを言うような素人は、この輪には入れないと思います。専任のようで全体の重要な一部。それがそれぞれの仕事のように思うのです。チーフにはチーフに選ばれた理由があるし、パティシエはデザート専任に選ばれた理由があります。そこには、経験ということよりも、どちらかと言うと持って生まれた「そのポジションへの運命」のようなものがあると思うのです。料理長は誰よりも料理が上手だからという理由だけでは長は務まりませんし、選ばれてはいないでしょう。店長も、店長経験が誰よりもあるということだけでは務まらない。店長になることに必要なバランスをその人は持っているのです。

プロとは、どんな個人プレー種目であっても意識の中には大きな組織やチームといったものをベースとして持っている。お店の中の配属に文句を言う人は、そのお店では長くは働けないでしょう。そこにも、経験などというささいなことは関係ありません。隣にいる人を含む全体のバランスを見る。自分はどの位置にいるかを認識する。その場所でやらなくてはならないことを考える。

D&DEPARTMENT のカフェを眺めていて感じました。ここにいる誰ひとり欠けてもいけないバランスがあって、それに気付いていることが、きっと、プロの最低条件なんだろうなぁと。

お店の内装に
かけるお金がないなら、
雰囲気のある
建物を借りる。

37年の人生の中で初めて、いわゆる「経営判断」というものをしているんだなぁと実感しました。ちっぽけな会社ではありますが、37名の社員を抱えています。会社というものは実は簡単に倒産する。そう思いました。別に母体の会社が倒産しそうだという話ではありません。自分が今晩考えて下す結論で、もしかしたら会社をなくしてしまうかもしれないということもあるな、という話です。また、いろんな人から応援のメールももらいます。いろんな要素が入り混じる中で、ひとりで、いろんなことを考えました。いったい、大阪に店を作りたかった理由は何だったのだろうか……と。

そもそも場所はどこでもよかったのです。遠くの地に「D&DEPARTMENT」という「よいデザインものを手にした人が徳を感じる〝新しい消費の場〟を作りたかったのです。世田谷で1年6ヶ月。特訓に特訓を重ね、その日に備えてきました。ポスシステム、リサイクル品の仕入れという難易度の高いもののコンスタント化、おもてなしができるスタッフの育成、カリモクなどの将来を見据えた新展開、買取りネットワーク、会員募集、Web展開、小冊子……。はたして大阪にそれをしっかりと持って行けるのか。大阪は大好きになった。特に住む人が好きだと思っていました。その大阪人と今、まさに戦っています。

1フロア60坪。1階がリペアと倉庫、2階が家具・雑貨・リサイクル品の販売、3階がレストランカフェ、4階がCD・雑貨、そして、屋上は春・秋がカフェとなる。保証金2200万円、家賃250万円。スタートはこんな感じです。結果としてかなりまけてもらいましたが、知人が大阪にお店を出そうとして「こんなのだったら、東京にもう1店舗出せる」と、方向転換を図ったことを思い出しました。特にこの南堀江という立地は、今、注目の場所だったようです。

そして、ここのビルオーナーがまた問題ありで、不動産業者も「この人は絶対に物事を譲らないから、やめるなら今ですよ」と言われる。現状貸しを譲らない。電気、ガス、水道、エレベーターに対しての保証は一切なし。古くなって開閉不能となったほとんどの窓という窓もそのまま、入口のドアの故障しているドアロックも修理する気も示さない。この調子だと、雨漏りしても一切責任を取ってもらえそうにない。

オーナーの会社であるY産業は建築塗装用のハケを作る会社として、この社長一代で築いた。その超ワンマンぶりが、再三にわたる東京流の交渉にイライラしているのだろうか。僕らの顧問弁護士が指摘する、そこは譲ってはいけないというポイントを、「なに、そんな細かいところにこだわってますねん。そんなしてたら、先に進まれへんで」などと言う。進めるには契約してからという考え。こちらは契約なしに進めては危険という考え。言ってみれば、人との関わりを考える大阪流に対して、紙（契約書）と関わる東京流が激突している。

このオーナーY社長にしてみれば、「何を細かいことぐだぐだ言ってますの」ということになり、僕らにしてみれば「そんなあいまいなことでは困ります。ここに一切の確認を書き出しましたのでサインを」というやり方。もちろん、「そんなこと、言ってませんでぇ」と、ドラマによくある大阪人みたいなことになっては困るし、相手が言っていることもわからなくもない。融通が利かないのは、実は東京的考えの我々の方なのかもしれません。とにかくこじれている。そこにきて、相談している建築家からの一言。

「そんなにまでして、この建物ですかぁ？」には、考えさせられます。

利用できない
社長であっては
いけない。

ある過酷なことを斉藤善与店長に頼みました。15日後に小さなD&DEPARTMENTをある場所にオープンすること。ふと聞いただけでは、何か楽しい感じがしますが、そして、彼も最初は喜んで「やってみたい」と言っていましたが、少しずつ現実味を帯びてくるうちに、日々、笑顔がなくなっていきました。

32坪のその場所の前のテナントはイタリア料理店で、その撤去の日、彼と僕、その他の主要メンバーもそこにいました。まったく何もない場所ではなく、誰かが入っていた「テナント」という順番の世界への初参加。おそらく、斉藤にとって、途方もないことを引き受けてしまったと、少し後悔があったかもしれません。じゅうたんを床に敷き、天井板は剥がし、壁は白く塗る。什器は工業用の棚、コンテナボックスも取り入れてイメージは将来に作るMOTELの購買部にしよう。近いイメージの雑誌切抜きを持ち寄り、これをなんとか２００万以内で作る。

お店自体を作ったことすらない斉藤にとって、おそらく、その２００万という数字や、こんな店にするにはという進め方は、まったくわからなかったと思います。やがて、前のテナントが床を剥がさなかったことで、じゅうたんが貼れないことがわかる。テナント管理からは、「仕方ない」と言われ、そのままを僕に報告する斉藤に、「剝がしてもらえよ」と、きつく言います。そして、心の中ではこう言いました。「善ちゃんさ、ものを作りたかったら、執着しろよ。相手がいるんだから、半端じゃダメなんだよ。作りたい！って言わなくちゃ、俺、作りたいんだよ」って。ものを作ることの中には、「人を説得する」ということがその大半を占めていると思うのです。だからこそ、こちらの「やりたい気持ち」は半端に伝えちゃいけない。そう習ったように思います。とどめに一言。「なめられてるんだよ、それ」。翌日、「床、やってもらいます」と、僕に報告に来た彼は、少し、ほんの少しだけ大きくなっていたような気がしました。

わからないことの連続。そのたびに僕に相談する彼は、いつの間にか、ナガオカの作りたい店を自分が代わりに交渉して回っていると、ひょっとしたら勘違いしているかもしれません。そんな一瞬もあった。そのたびに、こう言いたかった。「善ちゃん、俺に使われてちゃダメだよ、俺を使えよ」って。確かに心配な僕は彼の横にいつもいたような感じだけれども、大切なことは、彼が「進めている」ということ。それがわかって、実感していたらいいなぁと思う。細かいことはどうでもいい。

　何が一番大変で、何が一番めんどくさいか。それは、人と人の間に入ったりして、それでもものを進め、動かすこと。これは普通の気持ちではなかなかできない。備品を選んだりするのは僕かもしれないが、大切なのはそこじゃない。どんな備品が必要で、その発注をする具体的な行為に気付くこと。照明屋に電話し、床のサンプルを取り寄せ、現場に足を運び、仕入れのリストを作り、すべてを発注し、レジの準備をし、什器の価格を交渉し……。そんなことを彼は生まれて一度とやったことがあっただろうか。

　まぎれもなく斉藤善与が進め、形にしている小さなお店はもうすぐオープンします。青山あたりで何千万もかけて作り込んだショップには全然劣るけれど、素敵な店になることは間違いありません。二子玉川髙島屋の敷地に15日オープン、D&MOTELS STORE。3年間かけて作ったコンセプトを15日間でショップにしました。ぜひ、遊びに来てください。スタッフ一同。

お金を払ってでも
参加したい会員サービスとは
なんだろう。

広くD&DEPARTMENTメンバーを募ってきました。僕らの中では、具体的なメンバーになってくれた人への「何か」を特に用意することなく、なんとなく「一体感」を持ちたくて、いわゆる「口約束」のような感じの「あなた、友だちね」という感じのメンバー公募であったように思います。

もちろん、そうはいっても、メールニュースを送るなどのことは始めたりしました。常に、心の中にあることのひとつに、「本当に興味を持ってくれる人とは、やはり、〝本当〟の接し方をしたい」ということがあります。その「本当の」というのは、わかりませんが、僕らがやっていることは、自分たちでは「デザイン活動」のつもりでいるので、やはり、しっかりとした「本当」で固まっていたい。もちろん、あいまいに楽しいことを続けていくことも必要ですが、それでは、いつか、どちらかというと、僕らの方がまいってしまう。

続けるということの要素のひとつとして、やはり、本音ということが重要だと、感じ始めました。今まで無料で配付していた小冊子の『d』が休刊のようになっている今、その原因は大きく2つありますが、どちらにも言えることは、本音を言うと続けられないということだと思うのです。しかし、先ほど書いた「しっかりとした活動」と考えたいので、発行を続けることが正解。そこで、考えるのです。2つの理由を。ひとつは印刷代が数十万円かかり、それを毎回やっていくことが本音としてつらい。もうひとつは、取材や原稿書きが思いのほか大変で、日々の雑務の中でやり続けることが、これもつらい。では、やめるか。と、なる。そこで考えるんです。

毎回、6000部もの無料の『d』はきれいに、みごとになくなります。全国のみなさんの手にきれいに渡って行っている。しかし、これを続けることが僕らとしては難しいとした時、解決策はやはり、2つ。ひとつは経費が負担なので有料化する。もうひとつは、定期的に発行しなくてはならないと実感するための、読み手の意思が欲しい。つまり、メンバー参加への意思。全員で何度もこのことについて話し合いました。急に無料だったものが有料になることは、はたしてD&DEPARTMENTらしいか。有料になった瞬間に、「じゃあ、読まない」という人が続出しないだろうか、と。

そして、僕はひとつの答えを考えました。活動としては広まっていって欲しい。しかし、全員というのは、いったい、何をもって、誰を指して言っているのか、と。誰でもいいわけではありません。深く理解してくれる人としかできない関係の方が、絶対に面白い、意義の深いものになる。そう確信した時、約６０００人いるD&DEPARTMENTのメンバーが、いったい、どれくらい「じゃあ、いいや」と、抜けていってしまうか。結論。僕らは、「一般的なみんな」より、「よく知っているあなたとの関係」を次の何かにつなげたい。メンバーだからできる「D&DEPARTMENTらしい」ことを全力で発見して、それを共有化することで、参加メンバーのみなさんにも、よかったと思ってもらえる何かを目指します。

小冊子『d』は有料化します。そして、メンバーからも年会費を頂く。D&DEPARTMENT PROJECTを継続させていくには、また、意義ある時間を創造するには、本当にこれしかないと思っています。あとはみなさんが決めてください。そして、この日記に対しても、広く（特にメンバーになって頂いている方）ご意見をください。みんなの「D&DEPARTMENT PROJECT」でいることは、もはや、この業態の中では無理があるようです。それならば、意思を持って参加してくださる方と、やりとりしながら進めていきたい。いや、そうしなければいけないように思います。

物事には「できる範囲」がある。それを強く感じました。もちろん、倒産しそうだとか、弱音を吐いているつもりはまったくありません。たとえば、ひとりの人間がその時話し合えるのは、ひとりです。これをみんなと一度にと、欲張ることで、結果として誰とも仲よくなれない。そんなイメージでしょうか。たとえば、最高時速の適性が60キロの車に乗って、70キロで無理して走ることは、はたして楽しいでしょうか。たとえば、1LDKに住んでいた自分が、急に20部屋もある広いマンションに住むことになった時、そこには「居心地」はあるでしょうか。

僕らスタッフ17名がメンバーのみなさんと会話し、メールし、顔を覚えて楽しく接することのできる数が決まっているとしたら、まず、接するであろう人の顔は見えるようにしていたい。そして、しっかりと話ができる「範囲」(この場合、人数)が、きっと、ある。そう思うのです。

メンバーのみなさんから年会費を頂いても、小冊子を有料化しても、失礼かと思いますが、たぶんそんなに力強い収入にはなりません。しかし、「待っているよ」「おまえたちのことは応援しているよ」という具体的な思いを受けて、小冊子を責任を持って書き続け、それを確実に手渡し続けることは、最低限でもできるのです。あまりぐちゃぐちゃ書くと、くどいですね。

私たちは絶対に「デザインリサイクル」という活動を成立させてみせます。その活動やサービスに賛同して頂けますか？

大阪店作りにて——
どうしてそこに
店を出すかを、
ビジネスの考え以外で
説明できるか。

D&DEPARTMENT の発想の根源には、「日本のホームセンターが日本のデザイン消費をダメにしている。だから、ホームセンターがかっこよくなればいい」という考えがあります。

どんな人でも、おしゃれな人でも、そんなにこだわった買い物ばかりに恵まれるわけではありません。だから、たとえば引越しとかした時に、めちゃくちゃおしゃれなインテリアデザイナーが、そうですね、バケツがなくて床が掃除できなかったとしても、そんなものはドリアデやコンランショップに買いには行かない。仮に隣が東急ハンズだったら、話は別ですが……。

たとえば、トイレの便器を掃除する柄の付いたものが欲しくなる。まず、近くのホームセンターに行くわけです。そこには、価格の安いそこそこのものが売られているので、〝ついで〟感覚で次から次へと買ってしまう。それが、家の玄関から運ばれて、用事を終える。するとひとまず、新品だし、と保管されるわけです。そして、結局、それはそう簡単には壊れませんので、1年とか使ってしまう。こいつは、完全に予備軍にいて、たまたまデートで行ったカッシーナで、かっこいいデザイナーものなんかを発見されてしまったら、そいつといとも簡単に交換。つまり、使えるにもかかわらず、ゴミ袋に入れられて捨てられてしまいます。

もちろん、D&DEPARTMENTが、それほどの（ホームセンターレベルの）商品を取り揃えられるかといえば、急には無理です。そしてまた、1店舗くらいでは到底、日本の雑貨消費をおしゃれにすることはできません。全国に30店。それくらいの数があることで、また、リサイクルという発想で、いい買い物をした人のものを引き取る機能が展開されていたら、もう少し、ものの買い方がましになるのでは……。ひとまず、東京に作りました。そして、大阪に作ります。次は日本のどこかに作ります。作っていきます。なので、しっかりとデザイン消費をしてください。

もし、飽きたら、捨てないでD&DEPARTMENTに持って来てください。全国6000人の会員に、「これ、欲しい?」って、Webで聞きながら、しっかり捨てられない仕組みとして活動していこうと考えています。なぜ、大阪か。たくさん作りたいからです。それだけですが、大阪のみなさん、よろしくお願いします。東京の不思議なリサイクル品が毎週、運ばれてきます。そして、大阪人の不用品も、東京で販売します。無印良品もどんどん買い取ります。デザイン消費を「乱さない」で「活気づかせる」？　きっと、楽しく有意義なネットワーク窓口として、大阪店は元気にがんばるでしょう。

大阪店作りにて――
新しく作り出せない
ものを使う。
ひとつは建物。

D&DEPARTMENT PROJECT のテーマは「いかに新しくものを作らないで、どう新しい価値を作り出すか」というトンチのようなものです。デザイナーを17年経験し、その間、たくさんの「新しいもの」を産み続けてきました。デザイナーとは、新しいものを産まなければ価値はない。まさに、卵を産まない鶏は食べてしまえということと似ている。しかし、本当に新しいものを産まなければデザイナーではないのか、いや、言葉の順序を変えて、デザイナーは、新しいものを産むだけでいいのか。と、それがそのまま D&DEPARTMENT の PROJECT となりました。廃材と廃材を組み合わせたサンプリングファニチャに代表される「作らないで作る」という発想。これは、建築にもまさに当てはまるテーマです。

D&DEPARTMENT PROJECT の東京店は35年ほど前に建てられたマンション跡のオフィス1、2階を何ひとつ、手を加えることなく現在も使用しています。なので、その姿は、学校などの公共建築を彷彿させています。さて、大阪もまったく同じ考えで物件を探しました。つまり、立地はどうでもよく、建物重視で探し、約60物件の中から15物件を見て、そして、最終的に魅了された物件がたまたま、東京で言う代官山のような場所、南堀江にあったのです。契約を済ませ、工事が進むにつれ、大阪の会員の方からお叱りのメール殺到（笑）。「どうして、南堀江なんかに……」。面白い出会いですね。

日本にはこうした「レトロまでいかない微妙な建築」が多くあります。自動車で言うところの、排気ガス規制前は「アンティークカー」、規制後は「量産カー」ということで、たくさん作られた＝価値が薄いと見られた車。また、量産品なので、素材、鉄板が薄くて危ないなどのウワサも流れ、もはや、乗り捨て状態。ここに実はあとで「しまったぁ!!」と、思わせるだけの普遍的シルエットがあるのに、誰も注目していないから、その時代のものには興味を持てないという人が多い。つまり、取り壊されたり、廃車となってしまうのです。

たとえば、ホンダのCITY。かなりブレイクした車で、形的にも、今見てもかなり斬新なところがあります。しかし、誰も注目しないので、中古車業界が値を付けられない。つまり、CITYを買い取っても商売にならないので、廃車にした方がいい。おそらく、あと5年も経たないうちに、そうした昭和ブームが到来し、慌てて復刻! なんて話になるでしょう。

建物もいっしょです。メンテナンスをすれば、多少、現代的な使い勝手は悪くても、今に取り合いになる。そう考えると、立地のよいところに現代建築、現代テナントビルを建てる普通の発想より、夢がある。そう思って準備している、築30年以上経過したいい感じのビルが、たまたま南堀江。それだけです。

こんな
旅立ちを
大切に
思いたい。

早いもので、大阪から研修に来ていたスタッフが帰る日が来ました。つまり、大阪店の物件引渡しの日が来たのです。6名のスタッフの移動は、新幹線ではなく、トラックの荷台。おそらく、商品である中古ソファに座りながら、約12時間の旅となるのでしょうね。どんなに規模が大きくなっても、どんなに忙しくなっても、僕はこんな旅立ちを大切に思いたい。だって、心に染み入るから。思い出に残したい瞬間になるから。

借りてきた2トン車の運転は、店長の斉藤と話し合いの結果、9月いっぱいで辞めることになっている櫻井が。そして、もう1台は5日前に納車されたばかりの新しいピカピカの配送車。それを僕が運転。この日記を書き、『デザインの現場』誌の原稿を書き終えたら、櫻井たちを追って向かいます。すでにみんなで運び込んだ荷物で、どっちの車内もいっぱいらしい。大阪店長をしばらくやる東京スタッフの松添の机の上は、まるで退社していった人のそれのようにすっきりとしていて、一生けんめい、日々叩いていたｉＭＡＣのキーボードもなくなっています。しんみりとした曲が店内を流れ、時刻は午前0時41分。出発は2時くらいでしょうか。大阪におじゃまします。みんなに「大阪は不景気だから、絶対にうまくいかない」と言われる中、東京から乗り込みます。

考えてみると、これは大きな目標のひとつ。あと、もう少しで出発します。

愛知県知多市にあった実家から父母が、岩手県に約４０００坪の土地を買って、定年後を過ごす新地へ旅立った日のことを少し思い出しました。東京から僕、名古屋市内から妹とその旦那が駆けつけ、借りてきた４トン車に荷物の積込みを手伝う。早朝の旅立ち、荷物をほぼ積み終えた頃、小雨が降ってきた。からっぽのレンタカーが到着した時、みんなで「大き過ぎないかぁ？」と、笑い合った。それが、もののみごとに満杯となり、最後の積荷の自転車がなかなか入らなくて、ぎゅうぎゅう押し込んで、やっと入った時、母が泣き出しました。

今まで、トラックの扉が開いていて見えなかった路上に、早朝にもかかわらず、近所の人がそれぞれに何か、おにぎりのなどの差し入れを持って、小雨に濡れて立っていたからでした。それにつられてその場所にいたみんなが泣いた。雨もやや強く降ってくる。エンジンがかかり、母も父も乗り込み、15時間くらいの旅立ちの瞬間。僕は妹たちと、そして、近所の人たちと手を振ってみた。いい思い出として残っています。そんなかな？　この旅立ちは。

汚れた床をどうするか。
きれいになるまで拭くか、
ペンキで塗ってしまうか。

東京に戻ってみて、嬉しかったことがあります。カフェの床がピカピカになっていたことです。自分たちの話で申しわけないのですが（ここはナガオカ日記だってば！）、話を聞くと、カフェスタッフ全員で、休みの日に床の汚れを落とし、ワックスを自分たちでかけたそうです。

ここのワックスがけには、いろんな経緯が積み重なっていました。疲労するみんなのことを思い、「1回4万円程度でかけられる」との情報から、業者にやってもらおうとしたこともありました。その後は大阪店のことで嵐のようにバタバタして、はっきりとその後のこの床のことは頭からなくなっていました。今になって考えると、きっと、みんなはつらいから、4万円だったら頼もうか……、という話になったと勝手に思っていました。

一度、業者の話が出た時、なんだか無性にイライラして僕ひとりでワックスがけをしたことがありました。本当に精根尽き果てるとはこのこと。夏だったか春だったかは覚えていませんが、愛する職場なんだから、自分たちでやってくれ！と、心の中で叫んだ覚えがありました。よし、文句ばかり言っていても仕方ない。無言で見本を、と、いざ、やってみると、腰は痛くなるし、手はワックスでギトギトになる。その前に床自体の汚れを落とすのが大変で、洗剤とスポンジたわしを使って、Ｐタイルの１枚ずつ、丹念に汚れを落としていく。１枚に約５分程度はかかり、それが数百枚。それをしてからのワックスがけなので、実際、同じところを２度、手をかけなければなりません。とにかくくたびれた思いがあったので、スタッフの苦労は手に取るようにわかります。

リノベーションとか、デザインブームとかで思うこと。何が一番大変で、何が一番かっこいいか。新築のマンションよりも、築数十年のものを手入れをして使っているとか、古いものをきれいに維持して使うことは、本当にかっこいい。最新のホテルよりも、キャピトル東急やプリンスホテルの方がかっこいい。そして、簡単で難しく、大変。

汚くなったものを見て「掃除してピカピカにする」という人、「上から塗装してしまう」という人、「捨てて買い替える」という人。たくさんの考えがありますが、僕はとにかく感動しました。床をピカピカにしようと、みんなでがんばっているカフェスタッフに。

結局、
がんばっているスタッフに
パワーをもらう。

疲れた時にふと思い出すことがあります。それを思い出すと、「まだまだがんばらないと」と、また、新しいやる気が出てきます。D.D.D.（D&DEPARTMENT DINING）には、デザート担当のユガという男がいます。前キッチンチーフに「こんなケーキ、お客さんに出せない」と言われながら、ひとり黙々と、デザートを作っているスタッフです。名のある洋菓子店やケーキ店とは違い、D&DEPARTMENTは名前もなければ歴史もない。まったくゼロから、しかも、経験のほとんどないところからデザートの開発を始めた彼のがんばりは、そのままD&DEPARTMENTの、また、D.D.D.のデザートの歴史そのもの。「おいしい」とお客さんにほめられれば、もう、手放しで喜び、テイクアウトを始めた時も、まるで、自分の子供の出産に立ち会うお父さんのようにほほを赤らめた。

D&DEPARTMENT TOKYOの1階がまだショップだった時代、今のカフェの場所は厨房が作れないことから一番奥のトイレがある廊下の奥の、そんな場所からなんとか料理をサーブしようと真剣に考えていました。また、「カフェ」という未経験に近いことを始めるために、料理を開発した。

また、唯一の水場ということで、当時、商品の食器のすべてもこの場所で洗われていました。ある時は前料理長の原田が立ち、ある時は仕入れスタッフが食器を洗い、ある時は松添がカフェの準備を進める。そこは、まさにすべての始まりを予感させる場でした。

時は流れ、2階が売場になり、カフェもできてそこには僕もいつの日か立ち入らなくなり、ある探し物を見つけにその場所に久しぶりに入りました。そこは大胆には変わってはいませんでしたが、とても清潔に管理されている感じがしました。自分のお店の一部なのに、立ち入らない場所はあるものだなぁと思いながら、昔の思い出の詰まった場所でひとつ、大きく息を吸いました。まさにここが原点。そう思い、当時は物置として使っていたはずのここの奥のもう一部屋の戸を開けて涙が出そうになりました。

そこにはこんな光景があったのです。汚かったはずのその部屋は同じく清潔感ある整頓がなされ、D&DEPARTMENTでは売れない引き取りイスと、それとはまったく高さの合わない机のようなものがセットされている。そして、そのテーブルの上に、4、5冊のデザートの本が、開かれて置いてありました。イスに座ってそれを覗こうとすると、イスの上にも数十冊のデザートの本。彼はこの高さのちぐはぐな机とテーブルで、ひとり、勉強をしていたのです。ここに彼の D&DEPARTMENT がある。その光景は一生、僕の中から離れることはないだろうと思いました。

ユガ君がくれたやる気で、僕は大阪スタッフに混じってがんばれています。ありがとう。

「考え方」があるなら、
それを伝えないと
何もうまくいかない。

実に1ヶ月ぶりの日記です。この間、いろんな方に「日記、更新してませんね」と励まされ、日記を催促されることに少し笑いをこらえながら何をしていたかというと、このプロジェクトを考えた時に大きな目標としていた「プロジェクトの本」を作ることに没頭していました。

本を出す。それはそれは大変なこと。その制作の大変さというよりも、形に残るものを作るという責任。これはふだんやっているデザインリサイクル活動をよりわかりやすくするために産む「新しく作るもの」であり、ゴミにならないように価値のあるものとする工夫はもちろん、社会的にこれを手に取り、また、読み進むうちに、この「作らない」というクリエイティブにどう関心を持ってもらえるか……。とにかく、責任は重大なのだと気を引き締めて取材、執筆を進めてきました。

とにかく「思想」を伝えたい。自分たちのこと以前に、それが伝わらなければ何の意味もない。売れなければ利益が出ないということは、出版社の方だけに心配して頂き、ひたすらわがままを言って表紙にメッセージを入れただけのものにしてもらいました。かっこいいデザインではなく、標語のような表紙。本屋で積まれて売られることがあったら、それはまるで、表紙に書いた「考え方」

を買う行為のような、意志を持った消費であって欲しいと……。D&DEPARTMENT の本だからというのではなく、あくまで、この考え方に賛同してもらいたい。そのタイトルとはニューヨークからメールで送られてきた。『Only honest design can be recyclable』。「本当のデザインだけが、リサイクルされる」という意味のそれは、タイトルで悩んでいた時に、ニューヨークのメンバー、有馬さんから届いた。

D&DEPARTMENT のメンバーのみんなには、メンバーサービスなど、提案は何ひとつ間に合っていませんでした。それなのにメンバーは増えていく。その背景にあるのは、純粋に僕らが考えている「デザインしないでデザインを作る」というデザインリサイクルへの興味、関心ということでしかない。ふだんからおもてなしを、サービスをしなくてはと焦っていたメンバー登録へのサービス。いろんなことがあって、なかなか自分たちが満足する「メンバーへの何か」が進まない中、有馬さんのメールには、おおいに励まされました。

タイトルがわかりにくいから売れない恐れがある。そう出版社の方に言われる。当然ではありましたが、メッセージとして、スタイルを持ったメッセージの塊としての本であるわけで、この本が堂々としていないと、リサイクル自体が凛としない。ものを捨てないとか、本物を買えば、結果として環境をけがすことはないという行為の代表になって、この本が買われていくことを考えたら、まず、この本の存在感がなければならない。それには、タイトルだけでスマートに、また、混じり気のない純な感じにしなくてはならない。そう考えれば考えるほど、「これは自分たちの本」で終わってはいけなく、社会的な問題意識の塊でなければならないと考えました。

制作はほとんどD&DEPARTMENTのスタッフで行いました。これも「活動している本人たちでないと伝わらない」という思いからで、写真はWeb担当の外川が仕事の合間に一生けんめい撮影し、デザインは高橋が徹夜の連続で仕上げたもの。タイトルを悩んでいた時、ニューヨークメンバーの有馬さんが、手伝いを名乗り出てくれて、微妙に考えの断片を伝えました。そして、作業に追われてやや疲れていたある日、そのタイトルはニューヨークからやって来たのです。そして、そのタイトルとメールで補足されていた解説を読んで、感動しました。実にぴったりのタイトル。そして、しみじみと思う。自分たちと活動についてともに考えている〝メンバー〟の人でなければこんなに短時間に出てはこなかったと。

12月20日。午後7時からこれを記念するパーティをします。いわゆる出版記念パーティですが、僕らはそんな気持ちを通り越しています。なぜならば、これは使命のようなものであり、また、多くのメンバーの方からの励ましなくしてはでき上がらなかったものだと思うからです。20日はどなたでも参加できます。奥沢の場所は少し遠いですが、カフェをクローズしてドリンクをご用意してお待ちしています。ぜひ、この記念すべき日をいっしょに祝ってください。とにかく、誰よりも先に誰よりも理解ある方に手に取って欲しい。2800円と少し高くなってしまいましたが、約2年の準備期間と、その後2年間の悪戦苦闘も感じてもらえる一冊になっています。もちろん、本の売り上げの一部は、捨てられていく、デザインのよいゴミの救済にあてられます（笑）。

Good
Design
Award
2003

2003

常にそのやりたいことを
考えていられないなら、
やらない方がいい。

今年もどうぞ、お付き合いください。毎年、その年の始めにいろんなことを思い、願い、心に刻みます。特に「戦争が起きないように」と今は願っています。人は「生き抜くため」に生まれてきたわけで、殺されるために生まれることなんて決してないのです。どんな人間にも、その人が生き抜くことで起こる事柄の相乗によって、世界は「平和」を育む。そう思うのです。人が人を殺すことで、平和の歯車が狂う。そんなイメージです。アメリカを中心とする緊迫した昨今の状況をニュースなどで見聞きするたびに、誰もがそうした事件から縁がないことを祈りながら、現実として、日々、生きている今を噛み締めています。本当は、こんなことを書くつもりではありませんでしたが、あまりにもつらくて。できることは、ただ祈ることしかないのですかね。

今年も始まりました。今年の「人生」が、です。昨年末に僕が主宰しているデザイン事務所の所員を集めて、今年の方向性を発表しました。その中でも大きなことは、「絶対に残業しない」ということです。デザイナーなんて、僕もそうでしたが、残業は普通ですし、ものを作り出すということについては、正直、いつ、エンジンがかかるかわからない。事務所に出社するということは、スタートラインにエンジン全開でいつでもスタートを切れるということではなく、たいがいは、コックピットにトレーラーから降ろされて、整備を始めるF1マシンのようなことを指していました。

10時に出社しても、メールのチェックをしたり、コーヒーを飲んだりして頭を目覚めさせる。たいていは、そんな行為はお昼近くまで続き、結局、その延長としての「ランチ」がある。食後にコーヒーを飲み、仕事を「始めるか」と思い、できる状態に整理するのが午後1時から2時。結局、そこからの時間帯に打合わせなどが多く入っていて、そうこうしているうちに夜にやるか……ということになる。僕もそうでしたので、僕を含め、所員に「命令」を下しました。「朝9時に仕事が始められるように、アシスタントはその前に出社し、準備を整える。仕事は午後7時まで、それ以降の残業者は〈残業ノート〉に書き込み、減給」

一番つらいのは、きっと僕だと思います。何よりも、だらだらと仕事をすることが好きだったからです。そんな人は、例外なく、仕事のことを「趣味みたいな」と、表現した経験がある人でしょう。しかし、本当はこうです。デザイナーなんて職業は、年がら年じゅう、デザインのことを考えていなくてはできません。ごはんを食べている時も、休みの日も、デートのコースも、すべて「自分というデザイナーの糧になる」というものを選んでいなければ、無理です。建築家もそうだし、ファッションデザイナーもそう。陶芸家も作曲家も、なんだかんだゆとりのある生活や、「休息」と言いながらも、頭の中では仕事をしている。また、そうでなければ、「デザイナー」なんて名乗れないはずなのです。問題は「どこで仕事をするか」です。

僕の家には仕事場があります。もちろん、会社での仕事と変わらないものです。ここで言いたいことは、自宅にも仕事を持ち込めということではありません。しかし、「自宅にデザインの仕事」のかけらを持ち込まないデザイナーなんて、不自然です。

話を戻します。プロとは、何か。「プロ」とは、「現場」あってのもの。僕はそう思います。18年目を迎えるデザイナー人生を振り返ると、その「プロ」を意識する時、まるで、歌手で言うところの「舞台」のようなものとしての「仕事場」がある。そこで100パーセント、いや、150パーセント実力を出し切らなくては、プロとは呼べない。だらだらと「いつかいいアイディアが出ますからね」とか「いいアイディアを考える場所」として「仕事場」を認識しているようでは、プロとは呼べないのです。それは美術大学の学生と変わらない。

プロは時間を有効に使うとも言えるかもしれません。仕事として全力を出して結果を残し、その他の時間を、趣味や美術鑑賞、知人の展覧会への出席や、そこで出会った人からインスピレーションをもらったりすることにあてる。つまり、プロとは、アマチュアデザイナーと時間配分に対する意識がまったく違うし、余暇として使える時間もまた、クリエイションを生む重要な要素となるように生かされている。

著名デザイナーのマネをすることをイメージしてみるとわかりやすい。朝早くから現場で展覧会の空間構成のチェック、昼は関係者と打合わせをしながらのランチ、午後に入って雑誌の取材が何本かあり、やっとメールをチェックする。夕方7時からは知人の展覧会初日のパーティに出席、その後は飲み会へと続く。しかし、しかしである。アマチュアなデザイナーと決定的に違うのは、こんな生活をしながら、彼らは確実に「個性的なデザイン」を産んでいるというところです。

時間をかけてデザインをするのが「プロ」ではないと思います。「限られた時間の中で自分を出し舞台としての現場に確実に発表していく」のがプロだと思うのです。限られたプライベートな時間や、不意に空いた時間のすき間の中で頭に書き留めた刺激の断片を、解釈とともに瞬時につなぎ合わせる。そのセンスとスピードとタイミング。それがプロとアマチュアの違いだと思うのですね。

残業をしたら減給。所員の中には、「そんなこと、できるはずがない」と、言う人がいるかもしれませんが、できなければ、こうすればいい。朝9時から夕方7時までに仕事としての「いいデザイン」を産むことを終わらせるために、朝は4時に起きて、自宅やファミリーレストランでデザインを練ればいい。簡単なことです。そして、思う。ふざけて書いたようなこんな〝オチ〟だけれど、プロのクリエイターの実際によく似ていると思います。僕の家にどうして仕事場が必要か、そうしなければ、プロとして「事務所」を所員と共有して、社会的な意義を持つデザイン創作の場として維持していけないからです。デザインは誰でもできる。文章も誰でも書ける。絵だって。しかし、そのどれもにも「プロ」という人が存在するとしたら、「ただ、デザインができる」「ただ、文章が書ける」「ただ、絵が描ける」では成立しないのです。

復刻ブームに腹がたつ。
風が吹かなくても
自力で走らせる気力と
覚悟は欲しい。

復刻のブームがやって来ています。消費の現場を持ち、お客さんといろいろ接していると、その流れがよくわかります。カフェが流行り、そこに置いてある家具や空間、おもてなしに興味を持たれ、デザイン家具やホテルに飛び火する。家具が売れ、自宅の貧困さから大きくそれを見直す仕掛けが組まれる。デザインマンション、住宅に火の粉は降り注ぐ。空前の住宅ブームは、20代の買い物リストの中にはっきりと組み込まれ、ローンの金利や審査も見直され、住宅が売れ出すことで、なんとなく経済が全体的に元気になっているように見え始めます。

景気というのは面白いもので、いったん元気なように見え始めると、とたんに本当に元気になってしまう。人はお金を使い始め、その流れでメーカーはここぞとばかりに焦って売れ筋商品を見直す。先日、老舗家具屋が40年前に主催した家具コンテストの優勝作品を「復刻」という言い方で売り出した。デザインはさておき、その行為が頂けない。僕は今でもそのメーカーのファンであるので、あえて愚痴をこぼしますが、企業がものを復刻するのは、単に、商売に直結した話で終わらせてはいけない。ましてや、復刻のブーム。ここで考えるのです。どういう具合で販売していくのか、その企業財産とも言うべき、過去の代表商品を、どう売っていくのか。それを考えない復刻など、ありえないのです。まして、流行の追い風が吹いたからといって復刻するものなど、その風が吹かなくなった時に、最もその行為がみっともないこととなるに決まっています。風がなくても、自力で走らせる気力と覚悟。企業が誕生した当時の思い入れがこもったそんな商品の復刻で、流行といっしょにひと儲けしようなんて、本当にその企業は浅はかだと思うのです。

流行は絶対にいつか去ります。追い風が吹かなくなった時、そうした商品はどう走らせていくのか。どこに向けて復刻したのか。よく考えるべきだと思います。たくさんの取材を受けさせて頂き、先日もテレビに出させて頂き、「復刻」で企業と関わっている立場でものをしゃべらせてもらいました。復刻をすることで、企業は原点を確認することができる。ものを大切に作ってきた時代を再び、感じることも。だからこそ、ビジネスベースに考えた復刻とは、再び息を吹き返した人間のように考えないといけないと思うのです。生き返らせた以上、また、死ぬまで面倒を見る覚悟が必要だし、そうすることで、その企業が教わることは、10倍にも１００倍にも膨らんでいくと思うのです。

「60VISION」というマーケットを準備している。企業が商品を相次いで復刻し、流行に乗って販売することについて、いろいろと思うところはあるけれど、完全に否定してしまうと経済が成り立たない。大切なのは、流行が去ったあと、それら商品をどう売り続けていき、企業姿勢と結び付けていくかではないでしょうか。流行が去っても、その横に永遠に去らないマーケットとしての「60VISION」を用意することで、そうした商品の寿命を、共同で本質あるものとして育てる。復刻の仕事を頂くたびに、「60VISION」でも販売をした方がいいのでは……と心配する、今日この頃です。

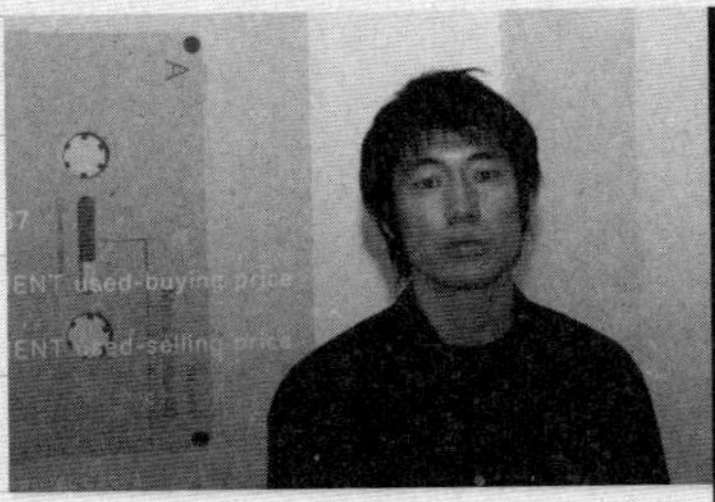

「きれいにする」
ということには
センスが必要です。

2人の若い男性がD&DEPARTMENTに加わりました。最初、彼らにお願いした仕事は大阪店の4階床磨きでした。白い床をきれいにする。また、中古食器をきれいに洗う。そんな手の汚れる仕事でした。カフェや雑貨店、USED家具ショップは、メディアによって当てられたスポットライトの部分だけが売場としてかっこよく見え、そこを目指して多くの応募を頂きます。しかし実際は、自分を含め、そこで働く人にスポットが当たるのは当分先です。お客のいない汚れた床をひたすら磨く。しかも、2人には、東京からメールと電話でお願いをしました。つまり、お手本を見せていないわけです。

掃除というのは、「新品」を目指すことを言う人もいれば、「きれいにする」という漠然とした目標に向かう人もいる。僕は思っています。「新品を目指す必要は何もない。こぎれいに使い続けたいと思えるきれいさで」と。掃除というのは、普通に考えると作業です。しかし、意味を考えるとまったく違ったものになります。どうして床を磨かないといけないのか……。普通は、そんなこと考えません。そして、単純に指示を下した上司にこう聞く。「どれくらいきれいにすればいいですか？」と。実にこの質問に多くの意味が隠れています。

食器を商品として売場に出すために洗っている時、いつも、僕はこう思ってひとつひとつを洗っています。「洗い終わってすぐに、これで食事をしましょう！と、誰かに言われてもできるくらいきれいに」。コップを洗う時も、たまにすすいだあとに水道の水をそのコップで飲んだりします。これがまたなぜかおいしいのです。

2人には、悪いと思いながら、一番、途方に暮れるはずの仕事を最初に、しかも、僕も混ざっていっしょに楽しくはやらない、という状況でやってもらいました。普通の人は「これがどれくらい続くのか」と思うとイヤになるはずですし、ここの仕事はこんなだということを知ってもらいたかったので……。与えられるものでも与えるものでも、「意味」がないと空しい作業になります。白い床磨きを「どこまで白く」磨くのか、2人からはそんな質問はありませんでしたが、掃除を終えたあとにメールをもらいました。「ますますやりがいが出てきた」と。いい人に巡り会ったと、東京の自宅でにんまりしています。

前に誰も走っていないかもしれない、
ということを覚悟しなくては、
新しいことはできない。

「今日も売上げが少なかったです。来店者もほとんどありません」こういう報告を昔、スタッフから受けたことがありました。そのたびに、少しきつめに問いかける。「なぁ、仲間のテンションを下げてどうするの?」と。メールにしても、人に何かを伝える時、性格が出る。「とにかく正確に伝えるだけ」の人。「自分の弱音」を少し混ぜて、「なんとか、救ってもらおう」とする人。そして、そんなひとつひとつの報告すら、「次に行くためにがんばりましょう!」という気持ちを込められる人。

当然、僕は後者が好きです。現状は「売上げがなかった」でもいいのです。でも、明日はどうしたいか。その気持ちで相手のテンションも上げることができる。「来店者はいなかった」かもしれない。しかし、「ほとんど」なんて、強調する必要もない。前向き(前に向く)とは、前に誰もいないかもしれないことを覚悟しなくてはならない。後ろを向けば、自分が抜かしたであろう人がいっぱいいる。前に進もうとするなら、弱音を吐きながら進むことはできない。自分もつい弱音を吐きながら報告してはいないか、考えるチャンスをもらえたと思いました。

「なくなる」前に、
その意味や恩に
気付くことができたなら……。

原宿に「AUX BACCHANALES（オーバカナル）」といういいカフェがある。それが今日で最後となった。オーバカ（愛称）が入っていたビルの解体が理由だが、こんな理由でも「なくなる」ということには変わりなく、記念のイベントが行われる。

僕が以前に所属していた日本デザインセンターの先輩であり、世界的な名声と実力のグラフィックデザイナーであり、無印良品などのすばらしいコンセプトデザインでも知られている田中一光《いっこう》さんも、すでにこの世にはいなくなってしまっている。来月から、その偉業を体感できる展覧会が、東京都現代美術館で開催される。

ここでも気になったのが「いない」ということだ。建物も物事も人も「誕生」する時より「なくなる」時の方が意味深い。今まで、なんとなく気にもかけていなかったが、D&DEPARTMENT PROJECTとは別の「60年代のものを復刻する」というプロジェクト「60 VISION」を進めながら、だんだんと、「復刻」するということの背後に潜む「なくなる瞬間を味わった商品たち」の気持ちを、なんとか理解しなくてはダメなのだと考えるようになった。

昨日、日本産業デザイン振興会（Gマーク）の青木理事が、来週の東京大学の講演の打ち合わせを兼ねてお店に遊びに来てくれました。近況を話し合いながら、「ロングライフ」というキーワードでやっているということを説明すると、とても興味深く、また、真剣に話を聞いてくれました。「ロングライフ」とは、「なくならない」ということとも訳せる。そして、それらの「ロングライフ商品」を観察していると、「なくなりそう」になったことは何度もあったようです。生まれる時の期待感は時代とともに、メーカーには薄れていっているような気もしつつ、では、「なくなる」ということに潜む要因を最初から整理すれば、何か面白いことが発見できるのでは……と盛り上がり、僕はこれを東大での講演のテーマにすることに決めました。

なんとなく、そんなことを考えながらお風呂に入っていると、今、自分が活動のポイントとしている「作らない」ということに、少し重なるところがあることに気付きました。「なくならないもの」を最初から「作れ」ということは、なかなかない。また、結果として「ロングライフ」（なくならなかった）商品、製品となったものたちにはいろんなケースがあるが、ひょっとしたら、「なくならない」

法則のようなものにのっとって、でき上がったものも、中にはあるような気がしてきました。
　田中先生は人間なので、お亡くなりになることは、すべての人間と同じくその日が来てしまったということで、僕もいずれはこの世からいなくなる。人には寿命があり、「明確になくなる」ことがわかっている。それをなんとなく意識して生きることが「人生」。ならば、工業製品の「人生」とは、あるのだろうか。と、頭がごちゃごちゃになってきました。そんなこともあって、これは日本のトップレベルの、頭のいい人たちに、講演ではなく「聞いてみよう」と思い、今からニヤニヤしています。

「デザイナーがものを作らないなんて、間違っている」と、ある講演の時、出席された方が、あとからメールをくださったことがあります。もちろん、デザイナーは「ものを作らないと」商売として成立しない。しかし、「考えてデザインしないと」何かを「なくなる」ことに追いやっている、ということが言いたかったのです。デザイナーもメーカーも、世の中という大地は「広い」。そして、「溢れない」とイメージして疑わない。しかし、誰かがものを産むことで、消えなくてもいい価値のあるものが、谷底に落ちてしまうくらい、現代の生活は飽和しているイメージを抱いて欲しい。「産むな」とはもちろん言ってはいない。あなたがデザインしたことで「どこ」の「何」が谷底に押しやられるか。それを考えないと、「デザイナー」なんてやってはいけないと言いたいのです。そう考えていると、絶対に、消費を含め社会全体に興味を持たざるをえなくなるはずです。

「ロングライフ」とは、「谷底に落ちない」「谷底に落ちなかった」商品です。このパターンを解明することは、デザインワークの何かに絶対に役立つ。そう考えています。たいしてひいきにしていなかった店の閉店を心から悲しんだり、生前、さんざんお世話になったのに、生きている間にその恩を返せないことなど、日常は「なくなる」瞬間の連続。「なくなる」前にその意味や恩に気付くことができたら、なんてすばらしいでしょうか。これは、どんな職業にも当てはまることだと思うのです。

自分の店に、
自分の気持ちを
住まわせているか。

D&DEPARTMENT DINING東京店の横に、雑誌を好きに読んでもらうための本棚があります。約20誌を選んでいますが、選定の基準は創刊されて20年以上継続しているもの。雑誌を選んだのは僕でした。その場所は、ふだん、カフェに行くたびに通りますし、雑誌が整頓されていない時があると、スッと手が出てしまい、整えます。その時はまるで、自分の部屋の本棚を整頓しているような気持ちです。これは完全に「仕事」ではなくです。愛です、ね。

最近、「責任」について考えるいろんなできごとがあり、それを整理整頓しています。「責任」と言うと、とても難しい感じがしますが、僕はいつも、責任のことを考える時、この本棚を思い出します。どうして、この本棚の乱れに自分の手が自然に出るか。答えは「ここは僕が考えた」場所だからです。僕の気持ちがここに住んでいるからです。「責任」という言葉をあえて言い換えてもいいとなったら、僕だったら「気持ちの住み家」かなぁ。そう考えます。たとえば、最後に店番として鍵をかけるということが「責任」となったら、きっと、その人の気持ちが「店」に住んでいなければ、どこまで行っても他人事だと思います。しかし、これは一般的なことで、仕事では「住む家のない気持ち」であることが多いのです。

もっとかわいいたとえをしてみると、犬が嫌いな僕が、友人から犬を預かってしまったような……。犬を預かっていることはどうにも変わりません。この時間を「嫌いである」「犬」に心を寄せていくかどうかということのように思います。気は持ちようってやつです。嫌いだけど、まぁ、しばらくいっしょにいるんだから、友達になれるように近付けば、楽しく時間が過ごせる。もし、そういうことができたら、ひょっとしたら楽しい時間になるかも……と。人から預かった犬。これが会社から預かった「仕事」だとして、どうせ預かったのだから、しばらく自分のそばにいるのだから、しっかりやってみる。頼まれたものではあるけれど、自分の「気持ち」をそこに近付ける。そうすることで、単純な時間が有意義な時間に変わるのでは。仕事を「仕事」と思うこと。それは「生身の犬」を預かったのに「ぬいぐるみの犬」だと決め付けることのような、そんな気もします。

ダイニングに来たお客さんに長居してもらいたい。じゃあ、雑誌を置くか、と、考え、棚を用意し、雑誌を選び、毎月、本屋さんと同じように、新しい月刊誌がそこに並ぶように考える。その時に僕の気持ちの一部をそこに住まわせました。こういうことを考えていると、場所やものって、誰かの「気持ち」が住んでいないといけない。そう思います。店の中、ひとつの棚、コーナー、トイレ……。みんなで維持管理するのは「共同で生活する」くらい難しい。できれば、結束の強い仲間や少数でそれが保たれていたらいい。でも、理想は「誰か」と、顔が浮かぶくらい、ひとりの人の「気持ち」が感じられたら、その場所や商品は、いい場所やいい商品であり続ける。そう思います。

広い会社や広い店内ですが、必ず、ひとつひとつの場所に「誰か」の気持ちが住んでいてほしい。最近、ほったらかしにしていた本棚を見て、「そうだ、ここには僕の気持ちの一部を住まわせていたんだ」と、慌てました。ごめんなさい。お店の売上げや商品をいい形で売りたい。そう考える時、まず、自分の気持ちが住めるかを確認したい。そう思います。ふと、「ここはどうしてこんなに汚いんだろう」と思ったら、自分で掃除をしてみては？　きっと、その時から、あなたの気持ちの一部がそこに住み始めて、その場所に思いが込められるでしょう。そんなものです。

「その時を記録する」
という商品を
考えたはいいけれど……。

ヴィジョンドヴォイス（VDV）という企画を立て、ありそうでなかった「作り手の肉声のCD」が「どうしてなかったか」を悟りました。難しいのです。多忙な作り手は自身の人生、日々の生活を削って、ある時は大きなものを犠牲にしてまでも、時代に新しい価値を表現している。その生活を、一見、普通のように彼らは見せるけれど、とても普通の生活をしていては真のクリエイターなど勤まらない。彼らは本当に口を揃えて同じように謙遜する。「そんな、みなさんといっしょですよ」と。いやいや、いっしょどころか、変人の域にあるはずです。

そんな多忙で、ある意味、非現実にいる作家に予定を空けてもらう。まず、ここが大変です。そして、ただ、おしゃべりをすればいいと思っていましたが、やはり、僕も作り手の端くれ。どうせなら、ものすごくいい言葉や普段を録音したいと気持ちが燃えます。朝起きて、どういう準備で録音の時間を迎えるか、その周辺から受ける身体的環境、精神的環境によっては、普通に出てくる気さくな言葉すら、閉ざされてしまう。記録するだけだと思っていましたが、とんでありません。

つまらない質問には誰もが眉をひそめます。その時の空気を察し、緊張が空間を包む。僕という人間のコンディションも大きく影響する。自分はさておきということにはいかないのです。雑誌のインタビューのように、あとで訂正が利かない。その時につくため息、間の取り方、笑い方、固く締まった声、あごに手を当てて考え込む時の声の濁りまで、記録されていきます。

現代はビジュアル時代です。絵のない音が少なくなり、CDのジャケットデザインにも熱が入る。昔にさかのぼると、人は「直面」するリアリティがありました。スケッチのような「それしかない」もの、「その場でしか味わえない」ものがほとんどだったように思います。それがいつの間にか、通信の発達や、コピー、復元技術の進歩で、そのもの、その人がそこにいなくとも、何かを感じられるようになった。「バーチャルなリアリティ」。

しかし、ひょっとしたら、こういう考え方もできなくはないのです。人は本物や本人がいなくても、本人を感じるように訓練させられてはいないか。「感動しろ!」「感動したか?」と常に確認を求められながら、「これが感動だ」と押し付けられる。実は本人は感動などしていないのではないか。未来は「バーチャル」なんて死語を使わずとも「バーチャル」。それはあたりまえです。それを作り手はよく知っている。だから、「声が残る」ということに過剰に反応する。その人といっしょにいることがリアルだとしたら、そこにいるような気持ちに近いということは、より、リアルに近い。それは、DVDのような記録や、それが精密になったハイビジョンのようなものでも伝えることはできないと思う。

僕は少し、感じています。空気感を記録する最善の方法は「音の記録」しかないのではないか。DVDのような音と映像を同時に記録したものは、実は「偽物の古いリアル（映像）」と、「現実に近いリアル（音）」が困惑して、別物になった状態で、それは普通の人でもやや感づいているのではないか。岡本太郎さんの声のCDが昔出ていたという情報をたぐり、やっとの思いで手に入れました。聞いてみると、確かに岡本太郎さんの声です。しかし、何も感動しない。なぜでしょうか？

そのことを、この企画を進める前にずっと悩んでいました。そして、吉岡徳仁さんをテスト収録する時にパッと目の前が明るくなる思いでその疑問が解けました。「対話する相手の人数」なのだ、と。岡本太郎さんのそれは、おそらく何百人を前にした講演の壇上からのマイク録音。それでは言いたいことが人数分、薄まってしまう。ヴィジョンドヴォイス（ＶＤＶ）は、記録者が僕１人。だから、ＣＤを聞く人にちゃんと向かって語られているのです。

第３弾は、プロダクトデザイナーで、無印良品などの開発で大きな影響を与えている深澤直人さん。約50分の時間の記録。それを、限りなく編集せずに、９月20日に発売します。とても貴重な空気を採取できています。同時に、質問に悩む僕の焦りも記録されているはずです。

デザインを商品としている
商売なら、
デザインの賞を
受賞するくらいの説得力が欲しい。

Gマークにエントリーしました。Gマーク、嫌いだったのでは……と、おっしゃる方もいらっしゃるかもしれませんね。そう、僕はGマークは大嫌いでした。何が嫌いだったか。その明確さを欠く審査がです。審査基準にムラがあり過ぎて、本来の日本のもの作り産業を盛り上げるどころか、混乱させているところがあります。これは、審査委員の方にも言いました。はっきり言って、わかりにくい。『POPEYE』のデザインアワードの方がよっぽどセンスがあると言う人も……。

一次審査から二次審査に進むにはお金がかかります。さらに、受賞すると、それを明記するシールを商品に貼るのに、お金がかかります。僕はこのあたりも納得していません。しかし、こういう制度、賞みたいなものがなければ、もっともっと、混とんとしていたはずと思うと、なかなか健闘している制度と考えなくてはなりません。基本的な考えはOK。お金を取って進めるのも仕方ない。しかし、これからロングライフという時代に、環境にやさしい部品、省エネルギー対応だからといって、何でもかんでもいいとしては問題です。デザイナーとして、そういうことを一般的なところから文句を言っていては恥ずかしい。

Ｇマークを見直す。しかも、売場から見直す。売れるものがＧマーク商品であれば、何の問題もない。そして、買い取れる価値が持続するという課題を付加して、新しい商品がＧマークの基準を作ろう。受賞したからといって、ものは売れません。「いや、Ｇマークでものは売れているじゃないか」と言う人もいるかもしれません。しかし、それは何度も言いますが、莫大な広告費を投入して、受賞したことを宣伝している効果も大きい。冷房の効いた家電店の中で、なんて涼しい風を出す扇風機なんだ……と、感動するようなもの。あれは扇風機の風が涼しいのではないのです。

Ｇマークが庶民的になるということは、どうでしょう。望んではいけないことなのかもしれません。Ｇマークは、純粋にデザイン的にいいものでなければならない。それは、時間が経っても、継続するものでなくては……。私たちのエントリーはそういう気持ちです。決して、今のＧマークに賛同しているわけではありません。しかし、こんなにいい機構を、より純粋なものにしていくのは、もはや、作家性や独自の考えを持った先生デザイナーたちではなく、売場やメーカーがもっと真剣にならなければいけないと思います。

審査委員なんて、何も偉くない。考えて考えて賞を決めているのかもしれないけれど、彼らはそれを売るところまで責任を持ってくれるわけではない。ただ、デザインのプロとして、人より多くのデザインを見ている、見識があるという立場での審査です。受賞し、称賛を受けても、アッと言う間に廃番になるケースもある。僕たちはGマークを見直したい。Gマークを取ったら売れる。Gマークを取ることは、本当に意味が深い。そうなるには、売場が変わっていくしかないのです。

Gマークをこれだけ批判しつつ、Gマークをこれだけ変えようと奮闘している場所が、いったい、日本じゅうのどこにあるでしょうか。そう考えた時、このエントリーを決意しました。もし、受賞できなかったら、いよいよGマークは危ういです。相も変わらず、ロングライフの定義すらはっきりと明記できないで居続けてしまう。また、僕らが受賞した時、それは、Gマークにとって、わずかではありますが、変化する兆しではと、自分たちでも思います。作って、売って、買って使う。今の

Ｇマークには、最初の「作って」の部分しかありません。「どうＧマークを売るか」そして、「どう使い続けてもらうか」。そこも実にＧマークの責任、意義の範囲だと考えます。

ＩＳＯという国際基準が日本を混乱させています。日本にはＪＩＳという規格があるのに。まだ、日本のもの作りの気持ちの根底には、Ｇマークの初心に通じる「純粋にいいものを目指す」志が残っているからです。だからこそ、Ｇマークを完成させたい。そう、小さなD&DEPARTMENTという売場は考えるのです。

どうして
年賀状を出すのか。
本来の意味を失うと、
それがめんどくさい
ということになっていく。

ショップスタッフは毎日、12時の開店前の11時からいわゆる朝礼をしています。それが今日から少し変わりました。リーダーがみんなに連絡するタイプから、全員が一言話すタイプに。
これを見ていて感心しました。

総務的なことをしている担当から「年賀状のリストを出してください」というメールを受けました。そういえば、僕が提出しているリストはいつのものだろう。そんな反省も含め、みんなにメールで返す。リストを今一度見直しましょうと。考えてみればあたりまえのことである。毎年、新しい出会いがあり、お世話になる人が現れる。そして、かといって、昔からの付き合いでもずいぶん会っていない方もいて、そういう方には、年に一度のせめてものごあいさつとなる。その「気持ち」を引き締めたり、自分の中で確認したかったり……。

企画書を書くことが多い僕は、最近、「紙」と「文字」の限界に不満を持っています。かといって、スーパーのＰＯＰのように、目立たせたいところは赤で太文字……なんて企画書は作りたくない。有効に伝える、いわゆる「コミュニケーション」には工夫の余地がたくさんある。年賀状で言うと、年末にリストを出し、住所をプリントしてもらい、自分の分をもらって一言書き添える。これが、ややつらい作業になってしまっている気もしていました。「有効」というか、「気持ちを込める」というか、「どうせ出すなら……」ということでもなく、「本来の姿」としての「新年のごあいさつ」は、忙しい中ではあるけれど、「工夫」をして「心を込めたい」。日々の雑務で本来の形が持つ「意味」を、効率に置き換えて、やや雑多にしてしまいがちな僕。反省です。企画書にも基本はあるし、もしかしたら、その基本にたどり着く前の、そのスタイルすら模索していた人の「目指していたポイント」を、もう少し考えたら、もっと「伝わりやすい」ものが作れるかもしれない。

企画書をおそらく数千枚、書いてきたけれど、「企画書とは、何か」ということを考えてみたいのです。朝礼のスタイルを少し変えることで、まったく違った目的が見えてきた。スタッフの工夫です。ひとりひとり、慣れない一言の中で、Ｗｅｂ担当の「Ｗｅｂの資産価値」という話も、こんなスタイルに変えたことで、興味深く聞くことができました。開店１時間前の朝礼。おそらく、今までは3分もあれば終わったものが、この変化で10分はかかるようになってしまう。しかし、この場を解散し、各自の掃除分担に散っていったあと、きっと、掃除の質が「気持ちの変化」でよくなるでしょう。

いろんなことをスタッフに任せるようになって、こうして、不意に「いい変化」を見せてもらうことが、何よりも幸せです。

「60VISION」に学んだこと。
企業とは、人を育てる場でもある。

岐阜のカリモク工場にテーブルの出来具合を見せてもらいに、明日行く。60VISIONの「カリモク60」の新ブランドラインの第1号となるテーブルだ。60VISIONについて、ご存じない方は、ぜひとも、くわしく知って頂けたらと思います。復刻商品がかなり出ている昨今に不安を感じながら、失われていく企業の原点「マーケット」そのものを創造して「売り続けながら育てていく」という、手間のかかる「ブランディング」のための「ブランド」です。

ブランドとは、「古い自社の製品」を価値として愛し、そのものをベースに「新しい」を作ることができているものや、企業の理念などを言うのだと思います。たとえば、ルイ・ヴィトンを考えてみるとわかりやすい。〝L〟と〝V〟があしらわれた、いわゆる「モノグラム」のラインひとつとっても、過去のものを大切に販売を続けながら、最近あった「村上隆バージョン」のような、今を感じるラインとしてアレンジも巧みです。「過去のものを愛する」ことで育ててきた「モノグラム」がなければ、こういう新しい表現もできません。これなどは原点を大切にしてきた企業だけができる「ブランド」展開の好例と言えます。

日本の企業にも、つい20年くらい前までは、「日本を代表するブランド」と言える企業がたくさんありました。そして、どこにも、ひとつや２つは、その企業そのものを表現した代表的な「商品」がありました。アメリカにマーケティングという考えを学んでいるうちに、日本の企業は「過去を財産と考えない」という変な教わり方をして、とたんに日本の企業は海外との競争力を意識するあまり、自分らしさまでを捨てて、がんばった。慌ててそれに気付いた企業は、昔を振り返り、広告などで「過去」と照らし合わせたりしているけれど、時すでに遅く、商品のどこを見ても、どの会社の商品かを区別することが難しいほど個性のない、消費者と同じ顔色をしたものになっていました。社員１０００人程度のメーカーを覗くと、そこには「機械と材料に熟知した」ベテランデザイナーはいても、新人デザイナーの姿を見かけることはなかなかできません。

「お客様第一」に考える結果、お客様がデザイナーと考えた方がてっとり早いし、競争にも勝てるという理由からです。デザイナーを育成するよりも、他社の売れ筋デザインを効率よく営業マンといっしょに工場が作る。日本のメーカーの大半は、こうしたもの作り体質に変わっているのではと考えさせられます。

今、カリモク60を、また60VISIONを進めるうえで、大きなポイントとしていることは、ずばり「若手の育成」です。「復刻」に値するものを見つけたいなら、先輩たちの作り出したすばらしいデザインを眺めればいい。しかし、そればかりに執着していては、実は何も育たない。その「企業価値」とも言えるものを、若い世代がどう「その上に積み上げていくか」ということが、課題です。復刻商品はそれほど売らなくていい。カリモク60も、それを実践しています。昔のラインなどは、そんなに爆発的ヒットを狙わない方がいい。ほどほどに売って、自社のアイデンティティを消費者と確認しながら、その先輩の傑作の上に、上手に重なっていけるデザイン作りに没頭すれば、おのずと企業は自分を確認しながら成長していくことができます。簡単に言うと、今の企業の商品は、自分の会社の財産としての過去の上に積み重なってはいません。単に、気まぐれな消費者の上に積み重なっているだけです。それを「ブランド」と呼べと言われても無理なのです。

今、過去の傑作を作り出したカリモクのベテランといっしょに、自社の若手デザイナーを巻き込んで、その復刻したイスに合うテーブルを作っています。その試作品ができ上がります。オフィス家具の「ホウトク」からも、40年前に開発したソファのシリーズに合うテーブルの試作が先日でき上がってきました。そこでも、ベテランデザイナーと新人デザイナーが顔を合わせている。それがまた、驚くほどいいテーブルに仕上がっていました。「愛」を持ってものを作り上げる時、いろんな方法が考えられるが、このやり方を見ていると、自己満足と言われてもいい。とても幸せな気持ちになるのです。60VISIONを導入した企業、カリモクにとって、間違なく言える成果は「若返り」であり、リクルーティングだと思います。

1964年に発表されたソファに合うテーブルを、若手がデザインしていく。普遍的なシルエットを持ち、それを大切にしていたからこそできる「ブランド」ならではの特権です。大切なことは、メディアや百貨店などの「流行を追った消費」からの提案で復刻などに関わらないことだと痛烈に思います。ロットを保証された大きな商いでも、「何があるか」を考えたら、「お金」はあっても、企業を育てていく「愛」はそこにはないからです。

新幹線で岐阜羽島駅へ、そこから車で数十分。大きな工場の中には、信じられないような、もの作り企業の「自分確認」というわくわくした時間が流れています。

Roap

2004

いわゆる経営陣が考えている
「次」が見えている人が、
欲しいのです。

大がかりなスタッフ募集に伴い、面接をしています。今はD&DEPARTMENTのスタッフ募集、そして、その後はDRAWING AND MANUALのデザインセクションのWebディレクターの募集を予定しています。経験者を採らない。そう考えてここまで来て、今、大きな壁にさしかかっています。それは、2つ目の壁でした。

立ち上がりからひとつ目の壁までの間は、とにかく「成立させること」が第一でした。気の利いたサービスではなく、「自分たちの本当にやりたいこと」を「やりながら食べていく」。これは、かなり難しい。「ショップをしたい」ことと「それだけで生活を成り立たせる」ことの両立です。

この第一関門を通過し、なんとか成立させることができると、次に生まれる「利用してくださるお客様と向き合う」ことの課題。それに対して、「顧客」という言葉を借りたり、ブランディングという言葉を使ってみたりしました。とにかく、未経験者ならではの視点で、デザインの立場から一般的な「デザイン消費」の場を見直す。いろんな事柄にぶつかって、なんとか雨風をしのぐように取り繕い、手作りの「サービス」というものを作ってきました。なんとなく見えているマーケット。なんとなく必要とされている自分たち。なんとなく、本当は違うのではないかと見えてきた取引先の本音……。しかし、それを「ひとつの絵」にするには、ここで経験のあるクルーを集めなければ進めない。ここまでが今、現在のD&DEPARTMENTです。

必要なクルー。まず「接客」の達人。これが今回の募集目的です。履歴書から数十人に絞り、面接をする。その中にとても印象に残った人がいました。ただひとり、面接のテーブルに手帳を広げてペンを置いたその人は、まるで、いつも自分たちがやっているスタッフミーティングの風景そのものを作っていました。共通してひとつの質問をみんなにしていた斉藤店長の「あなたはうちに入ってうちの何をすることに自信があるか」という難しい質問にも答えました。

面接は普通の人にとっては「受け身」で「自身の品定め」をされるものです。しかし、実はそんな考えでは採用などされない。「自分がそこの何に貢献できるか」「募集をしている会社の本当に必要な人材とはどんな働きをする人か」ということへの理解があってこそ、採用へと進める。ひとつひとつの質問が、とても他愛のないものだとしても、面接する側は、先にあげたポイントを、答えた内容にぶつけて確かめている。
　それはまるっきり、デザインにおける、また、商品開発における「提案」のツボにそっくりだ。自身がキャラを持っていて、いい人材だと思っていても、それを欲している人の形、大きさ、色……などに当てはまらなければ、意味がない。どんなにこちらがいい「デザイン」だと思い、提案しても、相手の今、必要な「答えとしてのデザイン」でなければ、ただの無意味な提案に終わってしまう。面接をやってみてあらためて面接とは、両者が参加するものだと感じました。

　とにかく、採用という次のステップに進むには、僕らが考える会社としての「次のステップ」を読めている人が欲しい。その人には、最初からそれを強く感じることができました。少ない面接時間だったけれど、最初の1分で、採用を決めた。この人と働きたいと。なぜなら、ただひとりだけ、白の清潔でパリッとした長袖シャツに、黒のパンツ。長い髪を後ろで縛り、黒の靴をはいている。最初は、なんておとなしい格好なのかと思ったけど、途中で気付きました。彼女はD&DEPARTMENTで働く規定の服装で面接に臨んでいたのです。

成長には、
軽く言えば「コツ」、
しっかり言えば
「基礎」が必ずある。

確か小学校5年の時、僕は体操部で、ろくすっぽまともな目標もなく、授業が終わったという理由だけで体操着に着替え、なんとなくマットを敷いたりして、ゴロゴロとしていました。その横には卓球台があって、部室から勝手に道具を拝借して、なんとなく、ふざけて卓球で遊んでいました。「卓球、好き?」と聞かれたら、「嫌い」と即答するくらい、関心もなければ、上手でもない。もちろん、楽しくもない。何度もいろんな場所でふざけて、単に娯楽としてピンポンをしたことのある程度。その日も、同じ体操部の仲間と、じゃれ合うようにふざけたピンポンをしていました。その時です。その瞬間は、本当に忘れもしません。なんと、急にうまくなったのです。おそらく、ふざけついでに、何かの拍子で、脇が締まり、スマッシュがいとも簡単に「スコーン」と決まった。その瞬間から、僕は誰よりも卓球がうまくなってしまいました。

D&DEPARTMENTは、今年で4年目。今まで、すべてのことを「僕というデザイナー」の視点で構築してきました。スタッフも増え、組織作りから、給与の評価方法……。経営にルールはないという信念の下、「経営もデザインする」みたいな考えで、それをみんなにもたびたび理解を求めながら進んできました。ある時、お店や買取り、クレームを頂くお客さんとの会話……いろんな「店を営業していく最低限度のこと」をなんとかできるようになった時、次の目標が見えてきて、そこに行くにはどうしたらいいかを考えなくてはならなくなりました。

そこで、僕が真っ先に考えたこと。それは2つありました。ひとつは、自分が進みたい方向を、ちゃんと時間をかけてでも全員に説明して理解してもらうという最低限度のルール。そして、もうひとつは、「デザイナー経営では先に進めない」ということへの早急な解決方法を見つける必要性でした。

何もかも自分が決めてきました。それが「店の個性」に、ブランドとしての差別化につながると思っていました。そこは、間違ってはいないと思いますが、自分の考えた「店長」、自分の考えた「アシスタント」みたいな、組織の中の任務配置の方法論も、これまで、ナガオカ流でした。ここに、次に進めない問題がある。そう考え、経理を担当してもらっていた山内に、店のディレクターになってもらう決断をしました。

僕は、デザインの視点が必要なところには従来通り参加し、それ以外の、査定や組織作りについては完全に任せる。つまり、行きたい方向はみんなに説明しながら、デザインを僕がやり、その「目的地」に「どうやって到達するか」という経営に関しては任せてみようと考えたわけです。そう決めてから、何度かもめました。やはり、やり方が違うので、そんなことをされたら、流れがぐちゃぐちゃになる。もっと言えば、今まで、「みんなで考え工夫しよう」と進めてきたメンバーの「進める楽しみ」がなくなってしまう。いったん決定してから、慌てて話し合いをします。それを何度か繰り返しているうちに、あることがわかってきました。「経営には、最低限度のルール」はある、ということです。つまり、「経営にルールはない」というのは、正しいとは言い切れないということです。

「ルール」。言い方が悪いかもしれません。そんなことを考えていた時、僕はなぜか、小学5年生の、急に卓球がうまくなった自分を思い出しました。接点は「基礎」だと思います。部活動の練習がなぜつまらないか。理由は簡単です。「基礎を作っている」からです。もちろん、練習方法の工夫で、苦手なニンジンを細切れにしてわからないように食べさせるのと同じく、基礎作りの方法も、おいしそうに進められます。しかし、今になって思うと、僕はニンジンを料理に混ぜていたわけではなく、「おいしい料理」を楽しそうに「ニンジンを入れ忘れて」一生けんめいに作っていた。そんな感じがしました。

店長をしてもらっていた斉藤に、その時、率直に気付いたことは説明しました。ここまで店らしくすることは、僕の方法論でもできました。しかし、ここから先は、「店の経営の基礎」がないと進めない。基礎が見えている山内の指導は、徹底的に「楽しい部分」を削ることになるかもしれない。しかし、僕にはなんとなく見えるのです。斉藤が、ある日、自分も驚くほどに「店長」という仕事の核心が軽々見える日が来ることを。僕の卓球のように。

軽く言えば「コツ」。しっかり言えば「基礎」。D&DEPARTMENTは第3成長期に入ります。

任せたスタッフが
無茶をして
達成した仕事は、
ほめてあげたい。

「あと15分です」Webショップの責任者である外川が、私たちにとっての歴史的な（ややおおげさですが、私たちにとっては事実です）Webショップのリニューアルの瞬間を告げに来ました。思い起こすと、デザイン事務所の文字通り片隅で、僕と外川はひとつのチャレンジを始めました。デザイナーの感性で消費を見直してみようというその実験には、私たちの「会社といっしょに」という意味でDRAWING AND MANUAL AND（D&MA）というプロジェクトネームが付いていました。プロジェクトスタッフは僕と外川。休みになると、車を借りて、リサイクル屋をいっしょに回り、当時の事務所のキッチンで、買ってきたものを磨いたり、修理したりしました。高橋といっしょにWebショップのベースデザインを作り、外川といっしょに掲載の方法を考える。傷があれば傷の位置を記録し、寸法も計る。そして、どんなに増えてもバイヤーの愛情があるのだから、ひとつひとつバイヤーの名前とコメントを添えよう。そう決める。で、ややWebが得意だった外川が自然にWebショップをリードしていきました。

この頃のことは、正直、はっきりとは覚えていませんが、Webショップなんてやって、誰が買うのか……と言いながら、どこに向かうのか、どれくらいの長き旅になるのか想像もしていませんでした。まるで、フルマラソンだと知らされないまま、気軽にやや足早にトラックを走り始めた感じでした。コンセプトを考え、会員という仲間を集めようと考え、忙しくなりつつある外川はWebショップの成立を目指し、僕はと言うと、単身、仕入れに走る。商品の重さを計る道具は、体重計。そんな感じで大雑把に始まりました。記念すべき最初の商品をアップした日、商品の総点数は7点。それが1週間後に売れた時は本当に嬉しく思いました。

　この日から約4年。いろんな細かな改善を繰り返していたある日、外川が「本格的に改良して、もっとお客さんにとって安全で、使いやすいものにしたい。また、自分たちにとっては、日々、集まってくる情報の蓄積ができて、お客さんとのコミュニケーションを取りながらロングライフを考えていけるものとして」ということで、また一からすべて作り直すリニューアルはスタートする。

　慎重派の外川は、できないことは言わない堅実な人柄。僕のように、言ってからやるといういい加減さはまったくない。その外川が、かなり難しいことを言って、実行の旅に出たのでした。そのゴールが来たのです。その瞬間、数名のスタッフは外川の周りに集まっていました。そして、拍手が湧きます。そこには、ちょっぴり泣いている彼がいました。それを見て本当によかったと思いました。

来年で40歳になる僕は、ここ最近、50歳に、60歳になった時のことをよく考えます。知人が老人介護をやっていることもあって、70歳、80歳の人の生活をよく聞く。自分がそこまで行った時に、今を振り返ってどう感じるか。くたくたになるまで走れる時には走っておいた方がいいだろうし、思い出とは、「自分が人生において無茶をした時間」を振り返ることを言うんだと思う。

外川にとっては、この無茶は泣けるほどつらかったと思う。まして、自分で「やる」と言ってしまったこともあって、半ば、自分との戦いであったとも思う。ゴールを切ったこの日のことは、きっと、一生忘れないものとして刻まれたと思う。

その新しいサイトに、お客さんが集まり、たくさんの方が「リニューアル、おめでとう」と、コメントをくれました。本当にありがたいと思いました。

ちいさな店ですが、
上場などしていませんが、
いつも、
株主総会があったら
どう言われるかと
考えることは、
結構いいです。

8月の後半に、大阪店で普段は倉庫として使っている4階のスペースを利用して「公開ミーティング」なるものを開催することになりました。

私たちは普通に「意志」のある「ショップ」や「レストラン」に食べに、買い物に行きます。雑誌などを通じて、そういう場の、店員さんやオーナー、店長が取材などを受けたり、「○○○の店、100選」なんていう雑誌特集で、その店の「意志」を読み取り、興味を持ったりします。

大阪に店を出す2年前から、大阪の意志を感じる2つのショップが気になって仕方ありませんでした。黄瀬さん率いる「TRUCK」と、服部さん率いる「グラフ」。大阪へ行くと必ずこの2ヶ所には足を運びます。この場所に来ると、心が洗われる思いがします。なんというか、日々は大変なのでしょうが、ひとつのことをひとつの意志で毎日続けている。販売を通じて、気持ちよさも手に入れられるこの2つのお店は、結果として見え方、取り扱う商品は違えども、「あそこのレベルまでは到達しよう」と、かなわないかもしれないけれど、大きな目標として、励みとしてがんばることができます。その頃はそれぞれのオーナーとじっくり話したことはなかったけれど、行くたびに、わずかな滞在時間いっぱいを使って、自分なりの解釈をして楽しんでいました。

店とはいったい何でしょう。それが、ものを売って、利益を出すだけの場所ならば、面白くはないでしょう。この４年間、店をやってきて、それはいつも考える疑問でした。「自分のスタイルを社会にアピールする」場所だけでもなく、単に商売をする場所だけでもない……。人から対価としてのお金をもらう商売、仕事。そこには「どれだけ、そうした人との出会いに関わるか」という視点があると思います。それは接客に似ています。

接客をされるのがイヤという人は多いです。しかし、何かの拍子で、ある店員さんと会話して仲よくなり、その場所に行くことがとても楽しく思えるまでになる。店員にとっては、それはひとつの「接客」であったが、自分のアドバイスによってそのお客さんが「楽しい」と感じてくれることを、心から楽しいと思う。この時、ショップスタッフとしては考えるのです。「どこまで仲よくなることが正解か」。それは、個人の判断ではありますが、ショップとお客さんの間柄の深さにもなる。

深くなることで面倒なことも正直ある。しかし、最初のお客さん、店員の関係が、その後、考えられないほどお互いを伸ばすこともある。また、そのお客さんの意見を、スタッフが受け止め、ショップの母体である会社へ上げ、会社はその意見を受け止め、変化していくこともよくあるのです。

店とは確実に「お客さん」と作っていくものだと確信しています。なぜなら、お客さんとは「自由」だからです。その「自由」なお客さんとショップをやっていくということは、「お客さんの意見は影響力がある」ということだし、営業時間になったら、誰でも、どんな人でも自由に出入りできるということは、そういうことを意味している。つまり、「自由な意見を持つお客さんの出入りを通じて考えていく」ことを放棄してしまうと、単なる「わがままおやじの店」になっていく。

みなさんの知っているD&DEPARTMENTがある。みなさんが限りある情報、自身が感じたことで構成されたイメージ。だからこそ、そのイメージと私たち自身が交流することは、とても意味あることだと考えます。とにかく、私たちはこのショップを株主総会のように考えて企画しています。

集まってくださったみなさんひとりひとりから、時にはキツいお叱りを頂きつつも、支援してくれる株主のような。店など、そんなみなさんがいなければ、やりがいも感じられないし、成立も継続もしていかないのです。

2005

「仕事」をしている、と、
言いたいなら、
自分の仕事を
説明できることが条件だな。

今、僕のアシスタントを募集しています。僕のアシスタントとは、僕の手足です。やや誤解をされそうですが、面接で採用する人とは、一言で言うとそんな感じなのです。会社とは、「ひとつの業務に向かっていく」もののように言えます。「何をやっているか」と親に聞かれて、最初はわからなくても、半年も働いていると、自分に与えられた仕事を人に説明できたりするものです。が、しかしです。僕の仕事はそれができません。おそらく、永遠にです。「グラフィックデザイン」という軸はぶれることはありませんが、基本的には何でも興味を持ち、あらゆることへの答えを、僕という人間として出していく。なので、募集しているアシスタントの条件とは、雑多かつハードです。

そもそもどうしてアシスタントを募集したいかというと——。今、僕はDRAWING AND MANUALというデザイン会社と、D&DEPARTMENT PROJECTという飲食、物販、企画のセクションを立ち上げています。そこに発生するチャンスを日々、細かくつなげて大きくしていかなくては会社として発展していきません。つまり、お正月の餅つきで、水を付けた手でウスから杵が上がった瞬間に餅をひっくり返すようなことです。さらに、餅が仕上がったら持ち上げるような力業も必要だし、糯米を蒸す準備もしなければならない。

ちょっと話を戻しますと、会社員は「自分の業務を説明できる人」がほとんどです。しかし、大きな会社でたまに耳にする「新規事業企画室」のようなところでは、「さて、わが社の財産を使って、新しいことをしよう」という仕事があります。つまり、仕事が決まっていないゾーンがある。そんな状態が日々続くのが僕のセクションです。しかも、そんな内容なので評価することもなかなか難しい。しかし、いろんな目にあえます（笑）。

社会経験があり（会社に就職したことがある）、常識がある人。健康でまじめで、前向きな人なら男女を問いません。超雑用にも文句を言わない人。なんというか、しばらくはナガオカの下で修業するか……という覚悟のある人を望みます。厳しくはありませんが、大変ではあります。

お茶を入れてもらったり、打ち合わせに同行してメモを取ってもらったり、企画書を作る手伝いをしてもらったり、忙しい時間のレジに入ってもらったり、梱包を手伝ってもらったり、長距離を運転してもらったり、気の利いた手土産を買ってきてもらったり、名刺の整理をしたり、社内スタッフの意識調整の手伝いをしてもらったり、世の中にある「いいデザインのもの」の調査をしてもらったり、ホテルや新幹線の予約をしてもらったり、ペンキ塗りを手伝ってもらったり、徹夜で出荷の手伝いをしてもらったり、電話応対をしてもらったり、居留守のウソをついてもらったり(笑)……。

と、そんな人を探しています。

本を読んで
感じたところには、
線を引こう。

「ナガオカ図書館」というのを作ろうと考えています。とはいっても、本物の図書館ではありません。社内スタッフ用のちっちゃな棚。コーナーです。

以前、日記にも書きましたが、僕は「本を買う時」が好きです。本を読む、好きな本を読み進むのも好きですが、本屋さんに行って、本を買うという行為。本という「キーワード」を選ぶ感じ。その時に「あっ」と思ったものを。そんな買い方なので、家にはオビが付いたままの本が溜まっていきます。いつかは読みたい。でも、読むのにとても時間がかかる僕なので、ずっとそんな本たちは出番を待って眠ってしまう。

ある日、なんとかしたいなぁと思っていた時、そうだ、社内スタッフで読みたい人がいたら読んでもらおうと思い立ちました。そのうちにきっと、こんな本たちはみんなの家にもあるはず、と思いました。もちろん、新品である必要はありません。家にあって、しかし、売り払うほどは思い入れが浅くない本。しかし、手元に置いておくのももったいない。同じ意識を持って働く仲間同士が、自分がいいと思う本を共有し合う。おまけに、家のスペースはちょっぴり楽になるかも……。

高橋と岩松に「図書館の本の後ろに付いている貸し出しカード」を探してもらい、なんとか入手。それを自分の本の後ろにペタッと貼っていく。気分は図書館の館員。貸出しは1週間、きっと、延滞する人や、「なくしましたぁ」みたいなのも現れるぞ。そんなことがあったら、どうしてくれよう（笑）……。などと気分は盛り上がる。自分の本を人に貸す。感動したことを伝えたりして……。これもまた、楽しそうです。と、作業を進めていくうちにあることに気付きます。僕は感心したところにお構いなしに線を引きます。読書する時は必ずボールペンを用意します。ボールペンが見つからない時は本を読まないくらい。で、僕の本には線が引いてあります。それが、ちょっとばかり恥ずかしいのです。でも、まぁ、いいか……。

僕が用意するのは、棚とカードとそのカードを入れるケースと、書き込んだカードを入れる箱。みんな、各自に自分の本をナガオカ図書館に置いていく。最初は小さな規模かもしれません。まぁ、たまに見かける地下鉄駅の私設図書館のノリで、のんびりやってみます。

ゆくゆくは、D&DEPARTMENT会員になっている人は自由に使えるようなことになったら、面白いですよね。

いい商品を置けば
いい店になる、
とは限らない。

久しぶりに大阪、TRUCKに行きました。ここD&DEPARTMENTを作る時、さんざん見に行った場所です。東京にもあんなにみごとな店はなく、わざわざ、おそらく数十回、大阪まで行きました。とにかくいつも、そして今回も、何度も行っているのに、派手にレイアウト変更などもしていないのに、ショックを受けてしまいます。

先日、事務所のデザイナーのデザインをチェックしていて、そのデザインが物足りないことを説明するのに、遊園地の話をしました。デザインと遊園地はよく似ていて、乗り物にだけ特徴があっても、それに乗り終えたあと、楽しくは感じられず、記憶にも残らない。つまらない遊園地を想像してみてください。乗り物だけをウリにして、あとの周辺は日常と変わらない。

楽しい遊園地とは、実は乗り物以外のところにお金をかけている。ディズニーランドなどはいい例ですよね。乗り物に乗らなくても楽しい気持ちになり思い出に残る。その世界をどう作るか。デザインも、その「デザイン」だけがよく、凝っていても、全体で世界観がないと面白くない。

店もそうかもしれません。買い物という目的だけが満たされるだけだと、無機質になっていく。そこに「楽しい」と思えることを盛り込もうとすると、やはり、商品以外の雰囲気に工夫やお金がかかっていく。いい商品を置けばいい店になるとは限らないのです。その商品をどういう気持ちで買ってもらいたいのかも表現しないと、楽しい思い出として残らない。そういう思いのない「もの」や「こと」は、結局、飽きられて、捨てられてしまう。

ＴＲＵＣＫには世界観が満ち溢れています。それは感動させ、記憶に残り、家具を購入して家で使う時にも、しっかりといつまでもあたたかな気持ちでいられる。「店」というものでそれをそこまで徹底していると、本当に頭が下がります。気持ちが落ちている時は、ＴＲＵＣＫに行きます。すると、「もっともっと、もっとがんばらないと」と思うのです。その実直なもの作りのこだわりには、本当に感動するのです。Ｔシャツとステッカーを売っていて、本当は欲しかったのですが、なんだか恥ずかしくて買えませんでした（笑）……。

いい店にしたいなら、
プライベートの時間を
よくしていく。
まずは整理整頓。

年々、僕の中では「掃除」イコール「捨てる」ということになっているように思います。こんなに捨てたかなぁと思うほど。もしかしたら、「捨てる」ということに対して昔より意識するようになった結果、そう思えるのかもしれませんが……。

本、雑誌。特に僕の場合、捨てることができないもの。雑誌などは、パラパラとめくってしまったら最後、じっくりと読んだり、気に入ったページを切り取ったり……。そうすると今度、切り取ったページをファイルに整理したくなる。そして、項目別にラベルを作ってファイル地獄にはまるわけです。「温泉」「日本旅行」「お土産」「レストラン」「ホテル」。こんなところがファイル地獄でいつも葛藤する項目。で、年末の大掃除にこんなファイルが出てくる。いつもいつも、思うわけです。「結局、ファイルしても使わなかったなぁ」と。そう考えてた時、私たちの生活の中には、「過程消費」みたいなことが多いと思いました。

たとえば、旅行先にこだわるのではなく移動手段にこだわるとか、ゲームをすることに燃えるのではなく手に入れることに燃えるとか、高いコンピュータとソフトを買って、インストールしたり使える環境を整えるまでが楽しかったりとか、車を買っても忙しくて乗れず、毎週末に洗車することが楽しみとか……。それはそれでいいと思いますが、僕はそれについて、毎年、自分でも空しいファイリングを繰り返していて、やっぱり使えないとイヤだなぁと思いました。そうすると、どうなるかというと、かなり潔くなるわけです。生活が。

先日も友人にすすめられてハイビジョン・ハンディカムが欲しくなりました。信じられないほどの高画質。おそらく、今まで見ていた映像がウソのように思えて、別モノに感じるに違いないと。しかし、今までこまめに撮ったり、それを見直したりしたことがあるかといえば、ほとんどないわけです。面倒なのかもしれませんが、1年前に購入した「スゴ録」（キーワード検索機能付きハードディスクレコーダー）も、溜まりに溜まって、ある日、録って欲しかった番組が、日々の検索で自動録画された番組によって容量オーバーとなり録れていないことがありました。なんだかなぁと思いました。

約1ヶ月、頭の中でシミュレーションし、結果、ハイビジョンカメラの購入はやめることに。結論としては、まず、撮る時間がないだろうということ。そして、見る時間もないだろうということ。同じように、デジタルカメラ用に高画質プリンタが欲しかったことがありました。それも長らくシミュレーションをして買うのをやめたわけですが、理由は「プリントしたくなったら街のプリント屋に持っていくのが一番」ということを、人に言われたことからでした。

考えていくと、私たちはなんでもかんでも「家」の中に持ち込み過ぎているように思いました。映画館に行かず、ホームシアター。コンサートへ行かず、サラウンドシステム。写真プリントも自宅のプリンタで。

と、ここまでごちゃごちゃと書いたことを真上から眺めてみる時、いったい、私たちは日々の生活時間を何に使っているのか、考えました。で、僕のことなのですが、結論としては、結局、何もしていないのです。行動がない。そこがとても気になって、そうならないようにしようと意識が始まって10年くらい経っているのに、まだ「目的を達成する過程」に執着している。ファイルしても結局見ないし、読みたい本があっても結局、読む時間などほとんどないのですから。

すると、日々の生活というのは、かなりだらけてくるというか、自然にやっていることで1日がアッという間になくなります。仕事の時間という絶対的なものはありますが、「お昼を食べる」「本を読む」「テレビを見る」「風呂に入る」「外食する」「コンサートへ行く」などの日常は、放っておくとかなり自分サイズのかっこ悪いものになります。それがイヤで「外食に行くんだったらとびきりの店を」なんて感覚で「いつか使うであろうファイル」を作り出してしまう。つまりそれは「自分には合っていない」のだと思うのです。少なくとも僕には合っていません。

先日、友人と話していた時のこと。僕は夏は強羅へ、冬は那須へ2泊、年末年始は6泊くらいの旅行に毎年行っています。毎年しているので、行った時に来年の予約をして帰ります。それを話したら「ぜいたくだなぁ」と言われました。しかし、他に旅行はしていない、というか忙しくてできないので、ちょこちょことした旅行をしている人とは比べものにならないほど、していない。しかし、定期的、つまり、自分に合ったスタイルでいることで、充実し、無理を感じなく、トータルで1年を見ると、節目が自己の充実で刻まれているので、とてもいいのです。

欲張らずに、温泉ならここ、中華食べるならここと、決めてしまえばいいのです。いい買い物、いい食事、いい旅行は高くつきます。しかし、そんなに頻繁にはどうせできないのですから、思いきって、みんなが憧れているようなところに毎年予約を入れたり、毎月、食べに行けばいいのです。と、考えるようになって、ファイルをやめようとしています。

僕はテレビの流し見が嫌いです。テレビにはゴールがないからです。確かに楽しいですし、予想もしなかった大発見や感動を得られます。しかし、時間の方が大切だと思います。ということで、来年も、さらに自分生活の究極を整理しながら楽しく過ごしたいと考えています。

2006

自分のしていることを
仮に「物足りない」
としたら、
という目で見てみる。

昔のデザイナーの仕事のやり方が気になっています。気になって仕方がないという感じです。僕がデザイナーを始めた18歳（今から22年前）は、当然、コンピュータはなく、コピー機にもズームはありませんでした。カラーコピーなんてものは、街のコピー屋に行かないとありませんでしたので、ひとつひとつのデザイン作業について、とても手仕事的で時間のかかることばかりでした。映像の人がよくレンダリングでコンピュータの横で寝泊まりするように、たとえば、細かなボディコピーを「赤い文字」にしたければ、ひと晩かかって筆とポスターカラーで文字の上をなぞって赤く塗っていかなくてはなりませんでした。

コンピュータって、スペックの大きなものを買うタイミングでは、ソフトの容量もとてつもなく重くなってきます。やらなくてもいいことや使わないことに対して、時間や知識が必要になる。そんな感じでグラフィック環境も進化すると同時に、やらなくてはならないことがどんどん増えました。

昔は本当に3晩くらい会社に泊まり、お風呂に入るためだけに家に戻り、みたいな生活をしていました。今の人はそういうことはない。それは、何が変わったのだろうかと考えました。たとえば、昔の人はよく酒を仕事の間に挟みました。夕方になると、ちょっと呑んで、そのまま会社に戻って仕事をして、結局、家に戻れず会社に泊まる……。それから、交通の便の改善もあるかもしれませんね。終電が早いとか、店が開いてないのでまた明日だねとか、写植屋が閉まったからまた明日だねとか、だんだんと思い出してきました。

そうですね、デザインを仕上げる段階で、すべて分業というか、外のサービスを受けなければできなかったので、そこが休みだったり営業時間外になると、そこから先の作業ができなくなる。プリンタやカラーコピーなんかもなかったので、コピー屋が開くまで待たなければならなかったし、文字も、写植屋が組んで印刷屋で色校正を出さなければ、どう逆立ちしても、仕上がった状態を手にすることはできなかった。今なら、コンピュータにつながっているカラープリンタでアッという間。おそらく、昔、1週間かけなければできなかったことを、今のデザイナーは1日でやってしまっていると思いました。で、残業もない……。

もちろん、進化して、効率よくムダがなくなったので、いいといえばいいのですが、何か、でき上がってくるものに物足りなさを感じています。何が物足りないのかは、まだ、はっきりとわかりません、「アッという間にできてしまう」物足りなさなのかもしれません。

そして、「時間の使い方」「時間に対する考え方」は歴然と、しかも「無意識」に変わっていると思います。何が物足りないのか。わかり次第、また、書きます。

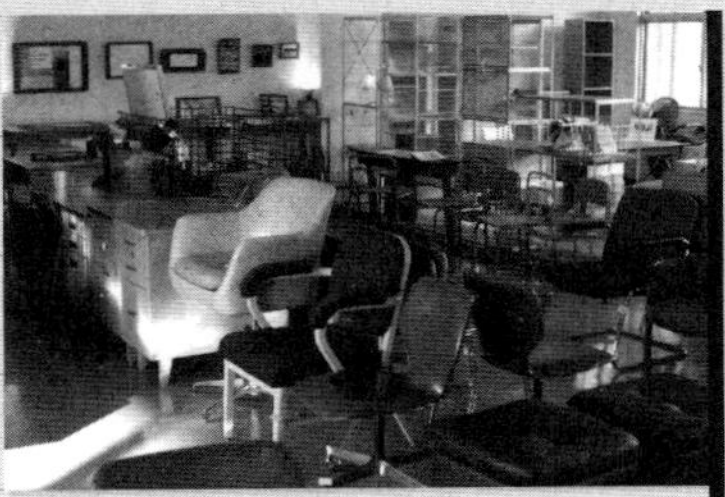

個人的に
「店をやりたい」という気持ちは、
確実に社会的なことだと、
気付きたい。

難しい話になるかもしれませんが、書いてみたいと思います。「個人」と「社会」についてです。いつの間にか、日曜日の過ごし方を「買い物」にしているようには思いませんか。そういう人は確実に増えていると思います。いつだったか、休みである日曜日の過ごし方について、「明日、どうする?」と聞いて、「買い物にでも行こうか」と返されて、「いいね」とは言ったものの、買い物とは「休日」の時間を使うほどのことなのだろうか……と、思いました。

しかも、目的があって買いものをするならともかく、とにかく場所だけを決めて、昼食と夕食から逆算した残り時間で、百貨店やショップを回る。「買いたいものを買う」ためではなく、「買いたいものに出会う」ために、時間を使う。それを「楽しい」と感じる私たち。

極端な言い方をすると、「わけもなくお金を使いたい」という感覚が芽生えているのかもしれません。その証拠に、「買い物」をして、1日、何も買わなかったとして、そんな時に「悔しい」感じはないでしょうか。「欲しいものに出会えなかった」悔しさではなく、正確に言うと「お金を使えなかった」悔しさ……。もちろん、何十万もするものを買う話ではありません。確実に買い物の感覚は進化というか、悪化しているように思います。その証拠に、世界的に見ても、日本の「リサイクル屋」の豊富な品揃えは異常と言えます。中古車屋もそうです。新発売の車も数ヶ月後には中古車屋に並ぶ。わずか数百キロの走行距離のまま、次の新車に行くのです。

欲しいものを目標地点に「人生」を過ごす若い時代は誰にでも確実にあります。僕もそうでした。「あれが欲しい」という理由で働き、働いたお金でそれを買い、ひとしきり使って飽き始めたら、次の「欲しいもの」を探す。そんな生活を「楽しい」と表現してしまう。

僕はそんな人間ではない。そう、言いたいのですが、僕も哀しいかなそんな買い物をしたことは何度となくあります。そして、こう気付いていても、繰り返してしまう。してしまいながら、どうしたらいいのか、何がいいのか……と、考える日々です。

人生は自由です。しかし、死んだら「もの」は持って行けないのです。今、僕の日々の充実は「社会に関心が出てきた」ことです。どうして「買い物」をするのか。そのお金はどう使われるのか。自分の貯金は本当に何かに有効なのか……。

これが離れ小島でのひとり暮らしならば、話は別です。私たちの生活とは、社会の中にあります。自分だけのことを考えて行動し、誰にも迷惑をかけないと豪語しても、人が作ったものを使い、何をしても誰かに影響を与えています。小さなゴミを道に捨てても、です。

私たちの「買い物」は、何かへの投資であり、何かを進めるものです。その中にはその買い物で「環境を汚染する」ことに資金提供していることもある。そんなことを考えていると、お金はそう簡単に使えなくなります。しかし、基本はその考えでもいいように思います。何か「いいこと」を生み出すための「買い物」でありたい。だから、D&DEPARTMENTも、ものを販売している以上、その売上げの輪廻を考えたいのです。売上げが上がって何をするのか。店舗を増やして何をするのか。それが、生活者の「単なる買い物」と同じ意味あいのような「単なる利益追求、目標売上げ達成」では、意味がなく、つまらないのです。

僕を含め、人々の生活は気を付けないと単調になります。「給料日」が来て「お金を使う」だけ。「仕事」をして「売上げ」を伸ばすだけ。だから、最近「社会」に対して興味が湧いたことを、とても有意義に思っています。41歳でこれでは、ちょっと遅過ぎますが（笑）……。

個人的なことと社会的なこと。それだけでも、一度、考えたら面白いです。「自分への投資」と「社会への投資」。あなたの何気ない「買い物」の中には、大きくこの2つがある。突き詰めていくと「自分の投資にも、社会の投資にもなる買い物」をしたいと思うのです。それには、「社会に対していいこと」をしているところから「ものを買う」ことが、まず、考えられます。そう考えると、私たちD&DEPARTMENTも、そういうつながりのひとつとして機能しないといけないと思うのです。

「仕事をする」とは「個人的」なことでもあり「社会的」なことでもあります。ただ、店をやりたい、ただ、デザイン事務所を作りたいと「個人的」にスタートするそういうことも、確実に「社会」に影響を及ぼしていきます。何も考えずに進めば、それは確実に「社会に悪い方」にも影響を与え始めます。リンゴひとつ、買えなくなります（笑）。でも、それぐらいの覚悟で生きると、気持ちがいいかもしれません。最近、そう、強く思います。

また、

スタッフが辞めていく。

しかしそれは、

店が成長している証でもある。

僕は、会社は「人が辞める時に実は成長している」と、感じています。もちろん、「辞めて欲しい」わけはありません。それほどに影響があるということです。

小さい会社であればあるほど、また、どんな大きな企業でも、これは当てはまるように思います。会社は人が集まってできています。だから、どんなに優秀な経営者でも、ひとりだけの力では会社は伸びていきません。社員に限らず、アルバイト、パートのスタッフの力も、とても大きいのです。

そんな人が辞める時、「どうして辞めるのか」ということと「次にどんな人を入れなくてはならないか」という両方を考えます。単純な言い方をすれば、そこには「反省」と「成長」があります。スタッフが会社を去ることは、理由に関係なく「辞める要因」があるということです。つまり「辞めたい」と思える原因がある。社内にそういう気持ちにさせてしまう何かがある、ということです。だから、スタッフが辞めると、その「点」を一生けんめいに探し、改善しなくてはなりません。

どんなに過酷な労働条件の職場でも、そこに「働きたい理由」があれば、人は居続けるでしょう。どんな事情があったとしても、どんなに通勤時間がかかろうとも、「働き続けたい理由」がその職場にあれば働き続ける。そう思います。だから、重要なポストの人が辞めてしまう時、会社は大きな打撃を受けます。もしかしたら、明日からの運営に支障すら出てくるほどの。もう、「その人がいなくなるなんて考えられない」という存在になった人の退社は、会社に「早急な復旧」を要求する面があります。つまり、その「人」の力にすがっていたところを、短期間に「残されたスタッフと企業力」で再生する。すると、決まって会社とは成長する。また、それを乗り越えられない会社は倒産や運営不振となり、それだけの企業力だったと言えると思います。

　ちょっとした屁理屈で言うと、重要な人が去ったあとに残ったスタッフは、その会社の成長に乗ることができます。僕は少なくともそう考えています。「辞めていった人が悔しがるような会社にしよう！」と。もちろん、不本意な事情で辞めていく人がいるのは、仕方のないことです。しかし、残された人にとって、辞めていく人の理由は、関係ないのですから。

　会社は目的地に向かって日々進むバスのようなものです。途中下車すれば、目的地に到着し、みんなとの喜びを分かち合うことができない。それだけのことです。もちろん、途中下車しなくてはならないほど、将来性の感じられない会社なら、辞めることは正解でしょう。会社に勤務するということは、そう楽しいことばかりではありません。しかし、複数の人間が集まるからこそできることを、会社という仕組みで実践することができます。

そこに参加する意義を理解しないで、ただ、労働条件や上下関係だけで考えると、どんな職場でもいっしょです。会社とは、雇用関係ではありますが、「参加する」ものです。つまり、その人の意思の問題です。辞めることはまったくもって自由です。そして、その参加した会社の成長は、参加する人、ひとりひとりにかかっています。

面白くなくなった、つらい職場だったという原因には、会社経営者の至らなさもありますが、自分が参加したけれど、「楽しく有意義な職場として成長させられなかった」その人の力量の問題もあると考えた方がいいのです。それは野球やサッカーの世界といっしょです。自分が参加することで「チームを優勝に導く」という意思で加わらないと面白くないでしょう。こんなチームにいては、ずっと、優勝の胴上げはできないと思えば、さっさと退社する方がいいでしょう。しかし、企業やチームは、そういうことで、成長していく。そう思います。

仕事を「いい仕事にしたい」と
思ってやりたい。
店を「いい店にしたい」と
思ってやりたい。

仕事とは面白い。依頼してくる人次第で、どうにでも変化します。いい人だと、仕上がりもよくしてあげたいと思う。アゴで使うような人だと、こっちも愛を注げなくなる。どんなにうわべの感じをよく見せようとしても、数回、やりとりをするだけでバレてしまう。本当にその「頼みたいこと」を「頼みたい」と思っている依頼者ではないと、こっちも「一生けんめい」になれない。

それではプロではない！　と、言われそうだけれど、もちろん、ある水準の話をしているだけです。プロとしての水準は満たすけれど、思い入れを込めた仕事にするには、お互い、特に「頼む人」の思いをずっと感じていなくては「いい仕事」は生まれない。いい人の頼み事なら、極端な話、お金はいらない。お金はいろんな尺度として考えられるけれど、最終的にその「仕事」や「依頼者」の情熱と意義があれば、お金なんてどうでもいい。依頼者との関係をよくしていくことをがんばると、依頼者も、こちら側に愛を注いでくれる。また、さらにそれを受けて、「いい仕事にしたい」と情熱が湧きます。

仕事とは面白い。どっちが偉いという話ではありません。「いい時間にしたい」「いい仕事にしたい」と思うことは、結局、相互の関係性にまで気を遣うことになります。最初は依頼者がガマンしないといけないことが多いかもしれない。そして、依頼された方は、最終的に頼んだことを感謝してもらえるような仕事にすることは、工夫とがんばりと愛でできてしまう。そこが面白いのです。

日本の「普通」の中に
「セレブ」なんてありません。

最近のマンションの名前や商品の名前を見ていて、苦笑する。サービスの名前にもそれは飛び火している。「エグゼクティブ」「VIP」「セレブ」「ラグジュアリー」……。

「ラグジュアリー」なんて言ってのんきにしているのは日本人だけだと聞いたことがあります。日本以外の国でこれほどまでに海外ブランドとサービスにお金を使う国があるでしょうか。日本はいつから、どこか海の向こうから来る「キーワード」まで輸入してしまう国になったのでしょうか。「ソリューション」なんて言葉は一斉に広まったし、「ロハス」と急に言われても、もともと、日本人の中には立派なそういう血が流れていました。そして「ラグジュアリー」であり「セレブ」と来た。

昨日、ある企業との打合わせで「いいものを安く手に入れる時代」という言葉が出て、ちょっと面白かった。なぜなら、そんなことはあたりまえのこととして昔からあるのに、わざわざお金の高いものがいいものというクセがついていて、安いと商品もろくに触らないで、ちょっと値段の高いものを買うことに慣れてしまっているような気がします。そんなことを経て、今、何度目かの「いいものを安く手に入れる時代」が来たのです。この、スーパーきれいごとだけど正しい世界を実現するには、生活者が「ラグジュアリー」なんて言っていては絶対に定着しません。「いいものを安く手に入れる時代」は、ユニクロなどの先駆者によって、一部、完成されつつあります。そこには「セレブ」なんて非現実なキーワードはありません。

だいたい、日本にセレブは似合いません。そういう国じゃないと思います。セレブは、アメリカンビジネスが「COOL」の次に日本に持ち込んだ爆弾かもしれない。それはまんまと爆発して、普通の生活者でさえ反応してしまう「無意味な消費の原動力」となっている。一度、味をしめてしまうと、なかなかぜいたくはやめられないのといっしょで、セレブを意識して生活を作り込んでしまったがために、身の丈ではないことに気付いても、今さらすぐに変えられません。

深澤直人さんではないけれど、日本の「普通」を考える時、それは「セレブ」なんかじゃない。

「RECYCLE MUJI」を
やっていて思う。
深い思想のことは、
出会ってすぐの人となんて
いっしょにできない。

RECYCLE MUJIを進めるには、全国のリサイクル店と提携関係を作っていくことが重要になります。言葉で書くと簡単だけれど、「全国のリサイクル店と提携関係を作る」とは、わからず屋の、まったくしゃれもセンスもないおやじさんを説得するということと、ほぼ同じ意味です。もちろん、「デザインがいい」なんて言葉は、まったく違ったセンスとしておやっさんの頭の中で確立されていて、「あぁ、わかってるよ」という言葉を鵜呑みにしていると、大変なものを集め出す。そのようすを見るたびに、日本人の平均的センスは、最悪だと笑えます。しかも、いくらこちらがお客であっても、1回くらい来た通りすがりに近い関係では、交渉の余地などなく、「おぅ、わかったよ」とあしらわれて、まったく進めてもらえない。きっと、想像するに、建築土木の世界って、こんな感じに思える。建築家の世界は洗練されているけれど、現場で労働しているおっちゃんたちの世界は、基本的にはこんなだと思う。

過去の実績を調べ、いかに短期間で判断し、パートナーシップを結び、いいビジネスを展開するか。主にアメリカからやって来たこんなやり方に、やや戸惑いながら、大失敗を繰り返す日本人。

もともとは人情が厚くて、思いやりがあるはずなのに……。

ひとしきり、「コラボレーション」はブームとして終わりつつある東京。そもそもそう簡単に関係性なんて短時間で作れるわけがないのに、コラボレーションという「関係性」すら、流行の商売方法となっていつの間にか消費された。データを取り寄せ、ネット検索し、短期間に相手の信頼度を数値で計り、お互いのメリットを提示し、お金を儲ける……。これって、何に向かっているのでしょうね。そもそも関係を積み上げていくのはかったるいことです。とてもめんどくさい。昔の仕事のやり方には、基本にそれがあったように思えます。そもそも、日本って「地道」な国でいいと思うのです。

昨日今日会っただけで、いきなり仲よくなどなれないし、いい仕事の関係など作れません。1回、仕事を失敗させたからといって、スパッと切ってしまうような関係からは、何も生まれない。結局、仕事も何事も、最後にはその人との関係の深さで判断しているように思います。時間のかかることだけれど、誰とずっと関係していくか。短命でメリット、デメリットだけを数値化した関係には、魅力を感じません。

大前研一さんの本を読んでいて「今は目に見えないものと戦う時代」と言い切っていたことが気になりました。ホリエモンで、いかに目に見えない商売が日本人に合わないか、なんとなく学習したようにも思います。やっぱり、汗を流して労働し、ものを作って、売る。そのものの精度で勝負する。日本っていつまでもそうあって欲しい。ものに関する「見えないシステム」の精度は、無視はできないけれど、ほどほどにした方がいいように思うのです。

「おい、おまえ、
もしかして
いいデザインなのか？」

掃除機を買いました。プラスチックだがメタリック塗装のエレクトロラックス社のものから、シンプルで黄色がかわいいミーレのものに替え、その吸引力がみるみる低下していくことに気付いていた僕。しかし、「デザインがいい」ことを理由に、掃除しなくてもいいところまで必死に掃除して、なんとか吸引力を復活させようとしました。そんな、やや弱気になっていた僕は、吸引力をウリにした掃除機を購入し、その威力に感動したという話を聞いてしまいました。

その掃除機はわかりやすい「デザインチック」なデザイン。田舎のおばちゃんでも、「すごいデザインだね」と、〝デザイン〟という言葉を言ってしまうほど「デザイン」を感じるものでした。正直、その掃除機の「デザイン」は、僕の中ではかなり「やばいデザイン」の類いに入ってしまう、とてもD&DEPARTMENTでなど扱えない、普遍性もロングライフも感じないものでした。

その人は、その驚きの吸引力を熱を込めて話してくれました。その話とはこうです。「ふだん、掃除機をかけてきれいにしていたカーペットにその掃除機をかけたら、今まで見たことのない白い粉が吸い込まれた。そして、もう一度、同じところをかけたけれど、次には取れなかった」

その掃除機はダサい。とてもいいデザインとは言えない。絶賛をひとしきり聞き、その週末、コンランショップに見に行きました。そして、まさか、と、自分でも思ったが、その8万円もする掃除機を購入したのです。

購入の動機は大きく2つ。ひとつはその人の感動を味わいたいこと。もうひとつは、その「デザインのふり」をした商品がどんなものを僕に与えてくれるか、大ばくちの覚悟で体感したかったからだ。家に帰り、そのゴツゴツしたデザインの掃除機でさっそくじゅうたんを掃除しました。音はとても大きい。しかし、みるみるうちに、その人の言っていたことが現実となりました。使っていて、あることを思いました。過去2台の掃除機には「吸引する」＝「掃除機をかける楽しさ」がなかった。ところが、この掃除機は中心部が透明になっていて、吸ったゴミが見える。しかも、特殊な吸引方式でゴミがくるくる回りながら吸い取られ、みるみるうちに溜まっていく。

昨日、3度目の掃除をこの掃除機でするために、押入れから出して、溜まっているゴミを出そ

うとしました。透明な部分は簡単に取ることができ、中のゴミは簡単に外へ。その時も感動しました。この掃除機には紙フィルターがないのです。重たそうな本体だが、実際に使ってみると、地面をコロコロしているのでまったく重みを感じない。吸引力はとてもいい。そして、ゴミが溜まっていくのが見える。その楽しいことったら……。手元に電源スイッチがあるとか、吸引力をコントロールできるとか、そんな気の利いたものはない。この掃除機には、2つのボタンしかない。スイッチとコードを収納するボタン2つだけだ。

この掃除機のデザインはダサい。まさか買うとは思わなかった。しかし、この掃除機は「とても簡単」なのだ。そして、「とても楽しい」のである。掃除が楽しいと思ったのは初めてかもしれない。鼻歌を歌いながら、そのダサいデザインを見つめた。そして、心の中でちょっとささやいてみた。

「おまえ、もしかして、いいデザインなのか?」と。

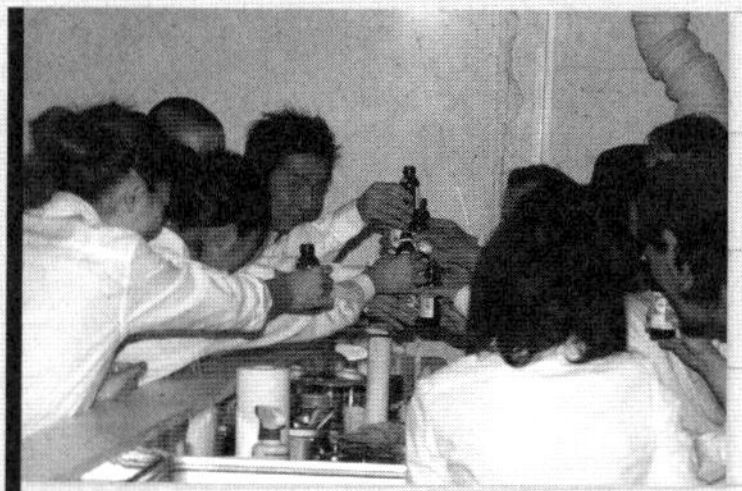

疲れてもいない「お疲れさま」
というあいさつは、
尊敬もしていないのに
「先生」と呼ぶ、それに似てるから
やめましょう。

「お疲れさま」というあいさつを、気が付いたらスタッフみんながしている。考えてみたら、そんなにいいあいさつの言葉とは思えません。疲れていないのに「疲れたよな」と、前提を作る感じがします。感謝でもなければ、「こんにちは」的なあいさつでもない。

「ご苦労さま」は、目上の人が下に向かって労をねぎらう「働いてくれてありがとう」という意味のことだという。「お疲れさま」も、労をねぎらう言葉ではある。労をねぎらい合う時というのは、そう頻繁にはないように思う。だから、廊下ですれ違うたびに言うのは何かしっくりきません。ものすごく大変な仕事をしている人に、そうではない人が「お疲れ‼」とか、みんな、明らかにヘトヘトになる感じで疲れた時の、最後の言葉としては、しっくりくる。

「お疲れさま」は、あいさつではないと思います。気持ちの問題だから、なんでもいいじゃないか、と言われそうですね。だったら、「こんにちは」の方がまだスッと言える。もしくは、頻繁に店や会社の中ですれ違うだけなら、頭を軽く下げるだけで十分だと思う。「お疲れさま」と声をかけ合う中には、やはり、「あきらかに疲れるほどに大変なこと」がないと不自然です。屁理屈を言っているようにも思えてくるけれど、全然疲れているはずのない朝礼の時から「お疲れさまです」と言い合うのは、あきらかにおかしな話だと思います。

ちっちゃな会社なら、変なマニュアルは作らないで、思ったことをあいさつ代わりに言い合うか、会釈だけでいいように思います。「髪、切ったね」とか「雨、降ってた？」とか、「今日も遅いの？」とか。「お疲れさま」は「おめでとう」といっしょ。何かがあって、それを一方が「やったじゃん」とか「大変な作業だなぁ」とか、そういう感想があって、その当事者に向かって気持ちを言う。何もないのに「おめでとう」って言っても、「何が？」と思うように、疲れていない「お疲れさま」は、尊敬もしていないのに「先生」なんて呼ぶ政治の世界にもちょっと似ていてピュアじゃない。

「お疲れさま」は、勤務先での「当たりさわりのないあいさつ」として定着しています。「あいさつなしでもいいけど、それもなんだから……」という程度のコミュニケーションなら、会釈で十分です。

「使い捨てない電池」
という商品を販売する時にある
「気持ちよさ」を考えたい。

三洋電機の充電式ニッケル水素電池「eneloop」の、D&DEPARTMENTでの取扱いが始まっています。単三電池2本と充電器のセットで4000円ちょっと。価格で考えると、激安100円ショップの電池の方が、断然安い感覚があります。そんなことをD&DEPARTMENTのスタッフと話していると、さすが（笑）、いいことを言いました。「捨てないって、気持ちいいですよ」と。むむっ、なるほど。その通りかもしれませんね。

4000円でこのセットを買うには、最初にかなりの抵抗があります。なんといっても、100円ショップに行けば、100円と消費税で済みますから。しかし、電池が切れたら捨てるしかない。そこで思うのです。「捨てればいいじゃん」なんて言う人は、きっと普通にたくさんいるでしょう。4000円の電池（充電器とセット）を買うくらいなら、安く済ませたいと思うでしょう。つまり、今の人は「捨てる」ということに、そんなに抵抗がなくなっているのだと思うのです。

サンヨーのこの製品のホームページを開くと、最初に飛び込んでくるコピーにハッとします。「使い捨てない電池」。約1000回充電して使えるこの電池には、「捨てない」という価値があります。

今まで電池は捨てるのがあたりまえでした。それが「捨てなくて済む」のです。

うまく伝えられませんが、たとえば、水道がなくて、毎日、1キロ離れたところまで水を汲みに行っていた人の家に、水道が整備されて、蛇口をひねるだけで水が簡単に出るようになった時の便利さ。たとえば、山間部に住んでいて、毎日2時間かかって街に出ていたところに、高速道路が通って10分で行けるようになった便利さ。その「便利」さと、この「捨てなくて済む」感覚は、なんだか似たところがあります。この製品を買うことで、問題の解決に参加している感じ。プリウスに初めて乗って、電池走行している時の、新しい時代に生きていると思う感じに似ているのです。

最新の機能の付いた高価なAV機器を購入した満足感より、この4000円の電池の購入によって「捨てない」という新感覚を手に入れたことが嬉しいのは、僕だけでしょうか。みなさん、ぜひ、この電池を買ってみてください。僕の気持ちがわかってもらえると思います。

コムデギャルソンに憧れて。

コムデギャルソンを販売することになって、

そして

僕らの気持ちが

どう変わっていくのか。

D&DEPARTMENTで、「COMME des GARÇONS SHIRT」（コムデギャルソン・シャツ）を販売することになりました。今から約7年前に、「ギャルソンの川久保玲さんが、クスッと笑いながら買っていくようなガラクタを販売する店」という裏コンセプトを掲げて、D&DEPARTMENTは立ち上がりました。何かあると「これじゃ、川久保さんは来ないよ」とか、特に中古の買取り基準として「川久保さんが欲しがるか」というのは、ご本人には大変ご迷惑な話かもしれませんが、わかりづらい「ナガオカの判断基準」を一言で表すためにも、すごく役立ったと思います。

ディテールでもなく、流行でもなく、素材でも、価格でもない。なんとなく「かっこいい」もの。そんな基準に、昔から憧れていた川久保さんに、架空でご登場頂いたという話です。川久保さんが展開するコムデギャルソンが放つ「使えて、上質な思想を持ったものと、行為」。コレクションの表現から始まり、その思想を「一般の人も着れる服に落とし込む」という高度さ。そこに、大いなる「クリエイションのリアリティ」を感じるのでした。飾って眺めるようなものではなく、その存在から思想を感じながら使えるもの。それを販売するというプロジェクトなわけですから……。

始めて5年経ったある日、川久保さんはこっそりとD&DEPARTMENTにやって来たそうです（お客様の個人的な来店情報に当たりますが、特例として、ここに書き込むことをお許しください）。レジにて対応したのは、アルバイトスタッフでした。そして、その日の閉店後、スタッフ全員にそれは知れ渡り、僕はとても感動しました。もちろんいつも来て頂いているお客さんには感動しない……という話ではありません。その人の見つめる先をいっしょに見ていたいと目標にしていた本人が、やって来られたのです。そして、そのできごとと僕の感動が、「COMME des GARÇONS SHIRT」の販売へとつながっていきました。

デザイン雑貨、家具を販売するショップで、コムデギャルソンを販売するのは、世界でも初めてのこと。しいてあげれば、パリのコレットに継ぐものです。新しい商品が増えた……というよりも、スタッフ全員が初心に返った感じの、新入荷です。

慣れない商品会におじゃまし、COMME des GARÇONS SHIRTを買い付けてまいりました。
厳選したスタンダードをベースに、少しずつ、特徴あるラインナップも織り交ぜて、展開していきます。

COMME des GARÇONS SHIRTは、D&DEPARTMENTで。

「今」を輝いている人は、
「過去」の偉業を語る暇など
ないんだろうなあ。

デザイナーを募集しています。そろそろデザイン誌にも掲載されたりして、この日記を見て、履歴書をたくさんの方が送ってくれたり……。そこでふと気付いたのです。履歴書、作品ファイル、どうして応募したかという手紙などを頂いている中で、どうしたいかという具体的なことを書いている人がいないのです。

最近、思うことがありました。過去の実績をしゃべりながら、「今」や「未来」がない人。とっても多いように思いました。輝かしい実績を熱く語りながら、でも、今はなんだか同じ人とは思えないほどに、その動きが感じられない。「救ってもらいたい」ような、そんな感じにもとれる……。自分にもそういうところ、あるとも思いました。過去を語って、未来に手を差し伸べて欲しいと、お願いしているのかいないのかわからない感じで人に会ってること、あります。これは反省ですね。

過去の実績は確かにその人、その企業を見極めるためには必要な情報だと思います。ただ、それが「今」や「未来」につながっていない実績なら、はっきり言って何の意味もないようにも考えられます。そんな時、たまにメディアなどで聞こえてくる「今を輝きたい」みたいなクサいセリフに、そうだよなぁ……と同感してしまったりします。

　やはり、基本は「今」でしょうね。「今」を輝いていない人に「過去の功績」を語られても、それは単なる自慢にしか聞こえない。「今」を輝いている人は、きっと「過去」の成功など、語っても仕方ないことだし、語っている暇などもないんだろうなぁ、と思います。

　よくデザイナーが過去の作品を出しますが、過去に執着している人ほど、未来が見えなくなってしまっているようにも思えます。自分も含めた反省ですが……。

　履歴書といっしょに「ここをこう変えて、こうしていったらどうでしょう。それには僕が必要です」という売り込みがないことで、なんとなく「いいのかなぁ、これで……」と思った次第です。

　先日、良品計画の金井さんに呼んでもらった時も、実はそう思いました。ある案件について、意見を求められ、「おまえだったらどうする？」と、聞かれた時、パッとアイディアが自分から出てこない。今までやってきたことを知ってもらっている人だから、過去のことなど語ったり、見せる必要はないわけですが、見方を変えれば、履歴書を見たあとで、じゃあ、あなたなら、どんないいアイディアがあるの?と、聞かれているようなものです。そこで何も出ないということは、過去の実績など、何にも役に立っていないということだとも言えます。

デザイナー募集の要項を書く時、「自分だったら、その募集が何の意味を持っているのか」を知りたくなるだろうなぁと思い、「D&DEPARTMENTのお店や小冊子『d』を見ていろんなクライアントが来ることに興味のある人」という文面を載せました。ただ、デザインスキルがある人が欲しいわけではないのです。それはどんな人材募集の場合でも同じでしょう。

採用したいのは、未来のビジョンに強く興味を抱き、また、問題点なども指摘しながら、なぜ、自分がその会社に必要なのかを説明できる人。そんなレベルの高い人いませんよと、言われそうですが、仕事だけを用意して、来たらすぐに作業のようにやらせる職場は作りたくありません。

人がたくさん集まっているわけですから、核になるところはリーダーが決定し、あとは、みんなで考えながら進んでいきたい。そんな時、過去に何をやっていたかなんて、何の役にも立たない。今から、仕事がそこでしっかりできるかどうか、です。

「採用してみたけれど、全然ダメ」と言われるケースの背景には、採用者がそういう視点で面接をしていなかったという点もあるけれど、応募者による「自分とその会社の相性の予測」が甘かったとも言えないでしょうか。働いてみないとわからない……とは、僕もたまに言いますが、時間にこだわっている人からは、「そんな時間はムダ」と言われてしまうでしょう。

「僕はこんなことをやってきました。あなたの会社に興味があります。後はよろしくお願いします」では、やっぱり、物足りないのです。

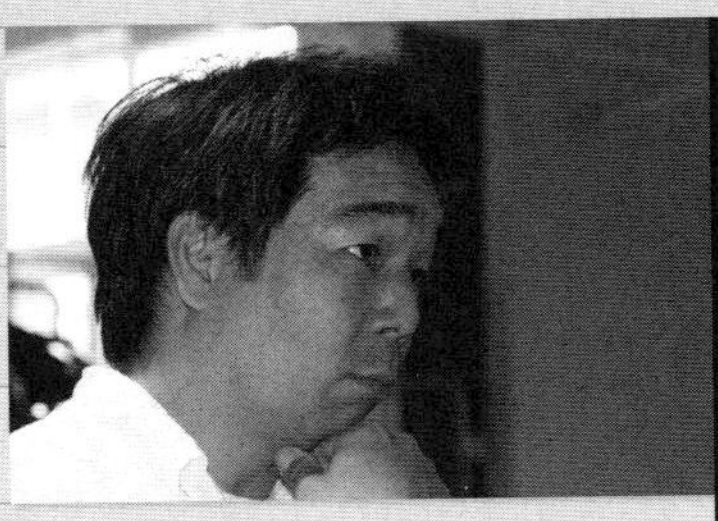

みんなが言う
「会社ってさ」の
「会社」とは、
誰のことですか?

経理担当スタッフの山内がたまに言う、僕の好きな話があります。「会社が悪い」とか「会社は何を考えているかわからない」とか「会社が……」という「会社」って誰だ？ということです。たまに何かがあって、社員に聞くと「それは会社が……」と答えるのを受けて、「会社って誰だよ」とやりとりするという話です。

昨日まで社員研修で中国にいました。夜にセクションごとに集まって、ミーティングをしました。その中でも、あるスタッフが「会社が……」と言っていました。僕は笑いながら「その会社って誰？」と、聞いてみました。

これを読んでいるみなさんにも当てはまる話です。僕は思います。「会社」とは、つまり「社長」です。最近では、どんなに大きな組織の企業でも、これは当てはまると感じています。たとえば、僕の会社の場合、「プロジェクトが……」とか「D&Dとして……」とか「店として……」などの話での特に悪い部分の対象とは、つまりは「社長」のことです。

企業に参加する。要するに「会社員として会社で働く」ということには、３つの大切な「関心」があると思います。ひとつ目は「下への関心」つまり、部下への関心です。会社とは、部下が育たないと、結果として会社全体は成長しません。２つ目は「横への関心」つまり、同僚や同じ立場の仲間への関心です。そして、最後は「上への関心」。言葉は適切ではありませんが、つまり、みんなが使っている言葉で言うところの「社長」「上司」「オーナー」などでしょうか。
「上への関心」がない人ほど、「会社は……」と言いたがります。空想の中に「会社」という、大きくて勝手で何を考えているかわからない存在を作り出して、自分の上にその魔物がいて、何かあるとそれを出して仲間同士で会話する。そうすることで、コミュニケーションもとれる……。そう錯覚していきます。

「会社の文句は社長に言う」。これが正解だと、僕は思います。そして同時に、「社長からの距離」があるとしたら、その距離を作っているのは、その社員だったりします。会社に所属し、自分の生きがいとも思うようにするには、「社長」が何を考えているかを理解する。究極はそれしかありません。そして、社長の作戦に対して、興味を持てたり、参加して意見を交わすことほど、楽しいことはないと思います。これは、僕という「社長」に限った話ではありません。

そして、「会社」という名の「社長」（取締役なんかの上層部）は、いつも、「自分が描く戦略の先を読んで、そこに参加してくるスタッフのことを「優秀」と評したりします。「会社」というものを「形のない魔物」とごまかさないで、会社や上司を捕まえて、積極的に「社長が考えるビジョンに参加していく」ことが大事です。

面接の時、「御社を希望した理由は、御社の……」と、外にいる立場で、将来、入社するかもしれない「会社」の作戦や活動について述べた上で、自分なりの意見や理解を売り込みます。しかし、社員になり、部署に配属され、そこに積み重なっている仕事に埋もれていくにしたがって、その人はただの「社員」になっていきます。

会社とも呼ばれる「社長」は、そんな人が欲しくて面接や求人をしているわけではありません。会社という組織に入ったからには、いつも、いつでも、いつ何時も、「面接の時の〝外から見た会社の夢〃」は、忘れてはいけないと思います。

よく、出世できなくて文句を言っている人がいますが、その人は「自分で〝会社〃という幻想を作り、その歯車にハマっていった」だけなのです。その人は、入社する前に「御社の歯車になりたい」と面談してはいないと思います（そういうことを希望する人もいますが……）。

先日、僕は、研修をして、スタッフの中に紛れて、会社で行っている（つまり、自分が行っている）ことの議論に加わった時、それがあまりにも久しぶりだったので、自分で「社長」という魔物を作ってしまっていて、みんなと距離を作っていたようにも思い、とても反省しました。

「社長は偉い」というイメージが、すべての社員との溝を作ってしまうんだなとも思いました。「社長」はある時は「偉さ」の象徴でなくては機能しませんし、そういう役でもあります。また、「責任」を最終的にとれる人でもあります。が、やはり、「社長は偉い」のではなく、ただ「物事を進めるリーダー」として考えた方がいいように思います。

大企業病なんて言葉がありますが、それもすべては、今回の研修でも感じた「社長」と「スタッフ」の溝の話だと思うのです。

D&HOTELS STORE

2007

D8DEPARTMENTを
日本じゅうに作るとしたら、
「立派さ」を求めない。
これは
絶対ルールだと思う。

まだ、影も形もない D&DEPARTMENT PROJECT NAGOYA をイメージしながら、集まって中古物件を見たり意見交換をしていた名古屋のみなさんを通じて、今、僕がやっている「60 VISION」の空気感にも似た、その場所特有の何かがあるように思いました。「デザインのいいもの」と言っても、東京発信のものや、メディアによって有名になったものというだけの尺度ではつまらない。そう考えていくと、東京以外にも、広い日本じゅうに、スタンダードや、「デザイン」と呼ばれるものがある。名古屋にももちろんあります。

東京の偉い先生を公費で招いて、勉強会だ地域活性だ人材育成だぁ、と言ったところで、どうして長続きしないんでしょうか。きっとそれは、都道府県が本気でやるということ、イコール「立派なもの」というゴールしかないからだと思いました。立派なデザインセンター、立派な講師陣、立派な謝礼……。「地域の個性」を出そうとみんな同じようにそうする。どこから見ても「立派」にしていくことで、どこから見ても、他と区別がつかなくなっていく……。

昨年末の名古屋店の忘年会に、そんなことに気付きました。だから、もし、この忘年会が「立派」を目指して公費で県や市が主催していたら、こんなに盛り上がらなかっただろうし、こんなに印象や思い出に残らなかっただろうと思います。

好きでもない人が1万人集まる「立派さ」ではなく、会費を月額50万円払う企業を200社集めるコンソーシアムでもなく、2000円で持ち込み自由な場の方が、パワーと継続性がある。問題はそれをどう「大きな革新のパワー」にまでプロデュースしていくか。これからのデザインのディレクションには、そんなことを求めたい「好きな者同士」が好きに集まって、最初6人だったのが、いつの間にか100人になればいい。その「立派」でない集まり方の歴史そのものが、太い骨となって、100人が組織になった時に熱く支えてくれます。

地場産業活性に不可欠なのは、「誰かが愛して展開している売場」があることと、「売れるものを考えられる人」と「その地域ブランドを面白いと思う地元の製造人」がいることです。偉い先生の言葉は確かに立派だけど、大手広告代理店に守られながらデザインをしていたデザイナーが、それを自分の実力と勘違いして派手に独立して閑古鳥がなく感じと似ています。それが通用する環境でないところで、本で見た人による「本で読んだような立派なこと」を語られても、その土地の条件にはそう簡単には適応しないのです。

来月、三重県でそんな講演をします。最初、僕は「先生」扱いでしたが、いろいろと考えたり、聞いたりしているうちに、僕に求められていることは「立派ではない」というキーワードだと気付きました。みんなの意見を外の立場で聞いて回ればいい、と。僕が先生になってはいけない。僕は中途半端だけれども、売場を持つ元気でデザイン好きな店主でいなくては……。

今年の目標は、そんな考えで日本じゅうをできるだけ回りたい。だから、名古屋の人たちと同じように、勝手にD&DEPARTMENT PROJECT FUKUIとか、D&DEPARTMENT PROJECT SAGAとか名乗って、僕を呼んでください。手弁当でできるだけ伺いますから……。本気でD&DEPARTMENTのような店が、自分の田舎にもあったらいいと思い、出資してでも加わりたいと思っている人がいたら、メールください。

kenmei.nagaoka@drawingandmanual.com

ビジネスの多店舗展開ではなく、
日本のデザインを
底上げする多店舗展開。

1月4日の日記を読んだたくさんの人、日本じゅうのD&DEPARTMENT準備室からメールが来ました。第1段階としては、雑談のように、いろいろとメールのやりとりをしたいなぁと思っています。その土地の特産とか、最近、どんなことがあったとか、デザイン関係の環境とか、地元でがんばっている人を紹介してもらったりとか……。僕もそのやりとりを通じて、日本のデザインの現状や地場産業の「生」を勉強させてもらいたいですしね。第2段階は、同じエリアの人と交流会したい。もちろん、僕がいろんなところにおじゃまして……。名古屋のように。

第3段階は、D&DEPARTMENTのサイトの中に、みなさんとページを共有して、着々とD&DEPARTMENTを作っていく過程も公開していきたいなぁ。ついでに「旅行に来たら、ここは地元デザイン好き、D&DEPARTMENT好きとして見ておいた方がいいぞ」みたいな情報もそこに書き込んでもらって、「D&DEPARTMENT好きが行くべき観光マップ」みたいなものも作りたいなぁ。それを見て、みんなそこに行って、その土地のすばらしさを、D&DEPARTMENTつながりという中で感じ合っていけたらいいなと思います。第4段階は、もちろん、規模の大小に関わらず、現実のものとして建てる……。

大変そうだけどね。ロングライフデザインって、東京や都市部だけのものにしてはいけないから、日本全国のロングライフデザインを紹介する場にしたいし、そこを通じて、地場の人と「ちゃんと全国的に売れるもの」をその土地の特産、技術で開発していけたらいいなと思っています。札幌の「札幌国際短編映画祭」を実行している久保さんからも「やろう!!」と連絡もらいました。久保さんから「札幌までは飛行機で90分。東京都札幌区と言える」という面白い話を聞きました。確かに、東京都内の移動でも、それ以上かかってしまうところもありますものね。都心の力と、地場の力と、同じ意識のネットワークによって、従来の東京の先生による活性化という機能しづらいものではないやり方ができるように思います。

ひとまず、第2段階の「交流会」という名のその土地での「飲み会」、実現したいなぁ……。

ファンを作るということについて。

お店をやっていると、お客さんに「ファンになってもらう」という特別に難易度の高いステージがあることを知らされる。「ファンになりたい」とは、「何か素敵なこと」がないと思わないからです。大雑把に書きましたが、「素敵なこと」は人それぞれに違うので、ひとりにうまくいったからといって、次に会うお客さんにそれが当てはまるとは限りません。あなたは何かのファンですよね。僕も、いろんなこと、場所、人、もののファンになっていました。

特に「店のファン」というのは、ただおいしいとか、ただ気の利いたものを売っているとか、ただ安いとか、ただ便利くらいでは「ファン」にはなりません。そうしたあたりまえにできているべき基本の上に、なおも、うなるような、にやけるような、人に言いたくなるような、何かがあるのです。連敗続きのプロ野球のあるチームが好きな理由には、ただ強いだけではファンにならない、何かがある。きっとそこには「人」が絡んでいることは間違いありません。そして、「ファン」とは、逆に言えば、「人が絡んだこと」であって欲しいとも、思うわけです。

お店を作ったばかりの人や、会社や事業を立ち上げて間もない人がいたら、いっしょに考えてみませんか。会社や店の成功や充実は、お金が儲かるということだけではありませんし、来客を増やしたり仕事をたくさん取るということは一時的にできても、「それを続ける」ということは別の話。そこにはこの「ファン」という言葉を目の前に置いて、考えてみたいのです。

あるお店の立ち上げを手伝っています。その時も、このキーワードが浮かんできました。上質な接客、珍しいセレクトされた商品、店の立地、手頃な価格帯……それらすべてをクリアしても、人の来ない店はたくさんあります。なぜ、間違っていないのに、うまくいかないのか。その答えがこれなのです。「ファンがいない」ということ。もっと言うと「ファンになってくれる人が寄り集まって来ない」構造、体質を持っている。そこには「ファンになる必然」がないわけです。

「ファンになってもらうにはどうしたらいいか」まず、真心を持って、まっとうに求められていることをする。これが基本のようにも思います。やっている人が、心からやること。それが漏れ出して人に伝わっていくような……。

ファンです。と言う人がひとりでもいることの、なんと幸せなこと。

僕らがなぜ、
フランチャイズの申し出を
断わり続けてきたか。

現在、D&DEPARTMENTという「デザインをしっかりと販売する場」を作っていますが、自力で、東京店、大阪店と作ってきました。大阪店は、実はニューヨーク店のスタッフィングがうまくいかず、急遽、場所を変更したもので、海外展開も、考えていました。

世界主要都市に作る。僕がそんな夢を抱いていた時、三重県の産業工芸試験場から「60VISION の仕組みで地場産業を救えないか」というテーマでの講演依頼を受けました。資料を作っているうちに「何のための世界展開なのか」ということ、つまり自分の野望自体に大きな疑問を抱き、それがビジネス的な「多店舗展開」であることに気付きました。

今、僕は、デザインに限らず、必要なこととして、「立派を目指さない」ということがあると思っています。国や地方自治体のやることは、どうしても「立派」が目安になります。有名な知識人、大学教授、コンペ形式、著名建築家、大きな予算獲得、立派な建物……。「担当した人間の感性」ではなく、「誰にでも簡単に説明ができること」で、作られ過ぎている。その「わかりやすさ」が正しければいいのですが、見渡すだけでも、うまくいっていないケースが多い。

立派な「デザインセンター」を、立派な予算で、誰もが知っていて、誰からも文句が出ないやり方で立派に建てる。こけら落としの展覧会はものすごい。もしくは、計画された年4回の企画展だけはゴージャス。しかし、そのあとや、年間の大きな催し以外は惨憺たるもの……。日本じゅうにそんな施設がたくさんあって、今では、定期的に人事異動が行われる行政によって、やりたい人のいない場所となって、なんだかわけがわからないことになっている。

話は戻りますが、僕は「ビジネス」をしようとしていたんだと、愕然としました。そして、三重県におじゃまして、その地場の現実も目のあたりにして、今、しなくてはならないことが一気に頭の中でひとつになったのです。

まず、国の補助金などは当てにしない「デザインを伝えたいと思う人が作る場」が、その土地に必要であること。そこには、公平性という誰にでもわかる正解ではなく、「デザインはこうあるべき」というみんなの最大公約数的なものとして「ロングライフデザイン」を当てはめて、テーマとする。そして、都会にあるエッセンスによってそれを作ること。なぜなら、地方の人は都会の様々なもの、ことに憧れ、頼り、参考にしているという現実がある。若者はそこを目指して田舎を離れ過疎化する。しかし、やがては自分の田舎に戻って来る。それもまた現実なので、都会的な要素をそこそこ含んだ、血の通った意思のある場所が、47都道府県にあればいい。そうすれば、そこを軸にして、地方のデザインに関する問題は、少しずつ回っていくのではないか……。

最初、それを「NIPPON VISION」という名前で展開しようと考えていました。しかし、やがて、「自分がやっているD&DEPARTMENTという、東京エッセンスを使ってもらうという意思の込め方がある」と気付きました。自分たちのやってきた、デザインに対する活動の方向は、都心型ではダメで、日本全体と関わっていかなければならないと思ったわけです。つまり、D&DEPARTMENTを全国にいる、そういう意思のある人と作っていこう、と。

問題はたくさんあります。僕らがなぜ「フランチャイズ」の申し出を断り続けてきたかというところです。たとえば、ものの選定はすべて、ナガオカケンメイがやっています。その理由も、ナガオカケンメイが答えています。そして、店舗の立ち上げには、最低でも1000万円以上のお金が現実にかかります。どんなに応援してくれる人がいても「お金を出してやりたい」という人にはかなわないという現実があります。お金を出している以上、自分のやっている事業や、自分の趣味、嗜好を取り入れたくなるのは当然で、それと戦いたくないのです。なぜ、そんなことを心配するのか、それは、このフランチャイズは「わかりやすくお金の儲かるビジネス」ではないからです。

お金を払って、ナガオカケンメイのセレクトしたものを売り、ナガオカといっしょに物件を探し、許可を得て、営業の方法にもルールがある。そんなことなら、自分で自由に店をやった方がいいでしょう。

では、なぜ今、複数の都道府県でプロジェクトが進んでいるのかをわかりやすく説明します。

1・D&DEPARTMENTのやっていることが、日本のデザインにとっていいことだと確信している。そして、それに対して協力をしたいという気持ちが強い。

2・自営していることの将来を考えた時、D&DEPARTMENTの経営を自身ですることは、何かしらの有益なものがあると判断している。

3・D&DEPARTMENTの掲げるNIPPON PROJECTの構成要素の中の3分の2は、「地場のロングライフデザインを広める」というミッションであり、そこに関してはある程度自由であり、D&DEPARTMENT本体としても、そういう地場の共同経営意識による「日本のデザインの活性化」は、面白いテーマだと感じている。

そんなところがあげられます。

どうして、地場産業の物産会館やショップがつまらなくて、都心の地場ショップが面白いか。理由は「公平性」です。地場の物産会館は「みんなのものを公平に置く」ことから、その中に面白いもの、いいものがあるのがわかりにくい。そういうもののある気配が感じられないということだと思う。セレクトした誰かの意思。その場所で続けていこう、面白い場所として活動しようという意思が感じられなければ、人はそこには集まらない。わかりやすい決済や立派を目指すがために、「やりたい人」の顔が見えない立派な建物が作られ、継続する感じのしない立派なイベントが行われ、それらは、お金で処理されているので、その土地には、根付きません。

D&DEPARTMENTを、47都道府県に作っていくということは、僕の意思であると同時に、

D&DEPARTMENT に関わるみんなの意思です。東京スタッフ全員の意思であり、大阪スタッフ全員の意思。自分の利益を追求することが人生の充実につながるか、と考えた時、こうした輪の中で、自分と日本を考えることこそ充実ではないかと思うのです。

D&DEPARTMENT NIPPON PROJECT には、このようなルールがあります。

1・あなたが経営してください。全資金は自分で負担してください。

2・建物をあなたの地元で探しましょう。しかも、あなたの子供の頃からある、その場所の風景とも言える建物を私たちといっしょに探して、借りてください。

3・地元でがんばっているカフェをその建物に誘致してください。

4・正式名称は D&DEPARTMENT PROJECT ●●●● / ＊＊＊です。●●●●には、都道府県名を、＊＊＊には、あなたの会社名を入れてください。たとえば、東京店の正式名称は「D&DEPARTMENT PROJECT TOKYO by drawing and manual」です。

5・商品構成の3分の1は、D&DEPARTMENT のセレクトした、つまり、ナガオカがセレクトした〝デザインのよいもの〟を販売してください。あとの3分の1は、カフェを、そしての残りの3分の1は、地元のロングライフデザインを集めて、販売し、広めてください。ただし、集めるもの、デザインの選定は、ナガオカにやらせてください。

6・そして、あなたがD&DEPARTMENTであることでできる、「デザインにいいこと」や、「それにつながる事業」を創造してください。

7・全国のD&DEPARTMENT PROJECTと手をつないでください。それぞれがそれぞれの土地のすばらしいもの、デザインを紹介し合って、広め、販売したりしてください。

8・それぞれが「D&DEPARTMENTの視点」を活用して、Webを立ち上げてください。そして、観光旅行をする多くの「D&DEPARTMENT好き」のみんなのために、いい店、いい場所、いいデザイン、いい旅館、いいホテル、いい美術館……などの情報を教えてあげてください。たとえば、あなたがD&DEPARTMENT PROJECT FUKUOKAならば、福岡に出張しようとしているD&DEPARTMENT好きなビジネスマンに、最新のデザイン旅館の情報を教えてあげてください。地元で有名な、D&DEPARTMENT好きが惹かれそうな、しぶーい場所を教えてあげてください。

そして、教えてもらった人は、必ず、D&DEPARTMENT PROJECT FUKUOKA に寄って、お茶をしたり、D&DEPARTMENT 的な地場ものをお土産に買っていってください。

9・最後に、D&DEPARTMENT を産んだ僕に、毎月の売上げの一部をください（笑）。本部で働くスタッフと、新しいデザイン企画のために、使いますから。

今年は、日本が国をあげての「ジャパンブランド」最盛期です。すでに、魅力あるプロジェクトにもかかわらず、補助金や、地元のことを考えないプロデューサーによって、立ち消えている話をたくさん聞きます。一番大切なことは、「しっかりと販売する」ということです。それは、少し前にブームだった「プロダクトデザイン、デザイン家電」ブームと同じです。どういう意思で売るか、どういう意思でそのいいデザインを「いい」と言い、伝えていくか。もはや、僕ひとりではできないことに気付きました。

D&DEPARTMENT PROJECT をやってみたい人のご連絡、お待ちしています。

北海道・札幌、三重県・四日市では、すでにプロジェクトが進んでいます。

彼といっしょに働けて、
僕は幸せです。

D&DEPARTMENT NIPPON PROJECTは、僕にとってミュージシャンのツアーのようなものです。誰もステージを作ってくれないなら自分で作るしかない。より高いところへ行きたいなら、やはり高い目標に向かうのがいい。そこは何も誰かが用意したステージでなくともいい。

横浜で、組み木の職人を訪ね、そのまま長野、山梨へ。ビジネスホテルに泊まって、翌日は松本へ行った。民芸と街が一体となったとても素敵なところ。どうして、今までこういう視点で、この日本を見て回らなかったのか、かなり後悔しました。

山梨で、ワインのおいしいある店を訪ねました。小さな店だけれど、ワインにくわしい店主がいました。自分が選び、飲んでいるワインの説明を聞きながら、飲むことの楽しさを味わう。そして、奥から様々なワインが出てくる。ラベルを見ながら、ひとつひとつの説明をしてもらう。専門的なことではなかった。僕のような素人でも、わかりやすく興味が湧く話でした。そのうちの１本はとても貴重なワインで、年の生産量は限られている。売り出しともなると、アッと言う間に買い手が付いて、やや優遇されているこの店にも、10本しか在庫はないという。そういうわかりやすい話に引き込まれて、心の中では、そのワインを飲んでみたいと熱望していた。すると、そのワインをお土産にどうぞ、と言う。唖然としました。

欲しいと思った。1杯でもいいから飲みたいなと心から思ったから、「えっ」と、口に出てしまったのです。欲しいと思ったものが不意にもらえた喜び。久しぶりに味わいました。逆に世の中には、欲しくもないものや、欲しいと思ったのに、早く飽きてしまうものがなんと多いことかと思いました。僕は妻の誕生日にもものは贈らない。旅行に行っても、お土産は買わない。これは僕の考えだから、ヘンに思えるかもしれないけれど、なるべくなら、ものすごく欲しいと思っているものをあげたいし、一生、思い出に残るようなあげ方をしたい。だから、贈りものがもらえると最初からわかってしまっている日になど、あげたくない。ひねくれものですね（笑）。

不意をつかれたといえば、最近、ものすごく感動したことがありました。5月の26日は会社の創立記念日。社員といっしょにホテルで会食をしました。大阪と東京のスタッフが全員、顔を合わせることはこの機会しかありません。知らない同士ではないけれど、中には、最近入ったばかりの新人君もいるので、自己紹介ということとなりました。食事の前にひとりひとり、今後のことや感じていることを自己紹介とともに話してもらいました。その中のひとり、厨房に入っている沼田の一言に心から感動しました。

飲食業の現場はとにかく過酷。僕も4年間、キッチンにいたのでわかるのですが、仕込みや夜中の清掃、ピーク時の休みない調理など、とにかく体力仕事です。自分もそうであったように、なかなか、長く勤める仕事とは思いにくい。特に料理の道を極めたければ、カフェの厨房には長くはいない。より立地や客層が高いレベルのレストランやホテルの厨房へ行ってしまう。だから、経営している立場では、正直、いつ「辞めます」と言われるか、毎年、毎月、ドキドキしています。

そんな気持ちで、ひとりひとりのあいさつを聞いていた。彼の順番が回ってきて、こう言いました。「とにかく、ひと皿、ひと皿を大切に作っています。どうぞ、食べに来てください」と。真心がこもっていた。なんという意識の高さだろうか。

そんな彼といっしょに働けて、自分は幸せだと思いました。

80歳になった時、
自分の店とそこにいるみんなに
「ありがとう」と
言いたい。

今、

42歳。昔、20代だった頃、40代なんて完全におっさんだと思っていた。今、そういう歳になって、たまに、自分がまだ若いと思ってしまう。30代くらいに……。

会社も今年で10年目。社員は20人強、アルバイトスタッフを入れると60名という規模。おそらく、45歳まで、こんなペースでD&DEPARTMENTのNIPPON PROJECTで勉強したあと、ファンド系スタッフを引き抜いて、投資効率のいい中古不動産の改装プランを建て、ホテルやマンションのスタイルで借り手を集め、デザインとコミュニティのある新しい形式の「場」の創造に着手したい。国のデザイン活動にはうんざり。あくまで民間で行えることを追求したい。業界と伸びていくより、多くの生活者といっしょにデザインを考えていきたい。絶対に業界の中にはデザインの正解はない。というか、そうあって欲しい。

50歳ではきっと、ここまでいっしょにやってくれた多くのスタッフと、ファームで畑を耕しているだろう。たき火をしたり、同じファームの土地の中に、コテージを作って、半ば共同生活をして、コミューンを作るだろう。その頃、デザイナーとしては引退しているだろう。ゆっくりと絵でも描いているだろう。地球温暖化はかなり進んで、日本の一部は海面下に沈没しているだろう。新しいタイプの異常気象が起こすとんでもない現象のニュースを、テレビで見るだろう。

60歳になって、親の老化は進んで、体の動かなくなった両親の面倒を見るだろう。洗ったことのない親の足をさすりながら、若かった昔を思い出すだろう。どうして、あんなものに熱中したのか……。ほとんどが浪費であった若かった消費時代、あんなに価値のないものに、どうしてあんな大金をはたいたか、あきれながら懐かしむだろう。恩師は老人となり、中にはこの世の中からいなくなる人もいるだろう。デザインのために自分がしたこと。自分にデザインがしてくれたことについて、心から感謝するだろう。

80歳になって、妻よりも先に死ぬだろう。その時、病院のベッドの上でろくに言葉を言えなくても、心の中でつぶやきたい。

ありがとう。D&DEPARTMENT。ありがとう。このプロジェクトを見守ってくれたみんな。

ありがとう。若くして冒険に付き合ってくれたみんな。

やる気のないスタッフと
仕事をするほど、
余裕はありません。

社員は、「自分はなぜ、社員か」ということなど、なかなか考えません。自分から歯車になってしまう。いつの間にか、入社前は自分の足で走ってきたのに、会社というバスに乗った瞬間、それが自分を乗せてどこかに運んでくれるものと安心して、何もしなくなる。自分本位の態度をとっても、このイスに腰掛けていれば、夜中も走り続けているはずだと思ってしまう。自分が寝ても、それは走り続けてくれると。目が覚めた時には、新しく明るい朝の風景が、車窓いっぱいに広がっていると、そう勝手に思ってしまうのです。

会社は、そんなことを求めてはいないのです。ひとりの人間として、そこに加わるやる気が欲しいのです。ひとりひとりの「走るぞ」という気持ちで、前に進んでいくのです。だから、打ち合わせに参加しながら、発言もしない人となど、いっしょに仕事をしたくありません。打ち合わせで発言もしないことで、その人は自分の甘えを会社に持ち込んでいる。誰かに「どうしたの？」と言ってもらいたいのだと思うのです。

いろんな経営者がいる。「どうしたの？」と、言ってあげられる経営者も。そして、そうした会社の風土が、そうした社員を育んで、やさしさに包まれた会社もある。僕はそういうことはできません。やる気のないスタッフと仕事をするほど、余裕はないのです。

一度、やる気のなさを感じてしまうと、そのスタッフと仕事で元のように燃えるのには相当の工夫と時間が必要です。お互いにそれに気付かないと、いつまで経っても、元のように素敵な仕事などできないのです。

会社は家族ではないし、憩いの場所ではありません。ひとつの目標に向かって創意工夫をしながら、高度にそれを達成する。暖かで幸せな時間は、そうした仕事で得たもので、プライベートで過ごせばいい。

冷たい言い方になるかもしれないけれど、「どうして自分が会社から給料をもらっているか」を、もっと考えて会社に参加する方がいいと思うのです。

ショートスパンで、
ものごとは
考えたくない。

僕の仕事はD&DEPARTMENTの仕事とDRAWING AND MANUALの仕事がいつも同時並行で進んでいます。言い方を換えると「作らない」というテーマと「新しい」をいっしょにやっている。どちらも、流行や社会を無視してはできません。

この2つをいつもいっしょにやることは、とてもつらい。しかし同時に大切なことだと思う。企業から依頼を受けた仕事は、言ってしまえば「自分のこと」ではありません。どうしても「自分のことではない」と、デザインは自由さを増し、読切りの小説のようにゴールも見えやすく、ロングスパンで考えなくなっていく。多くの企業の考えていることは、ショートスパンだと思います。担当者だって3年も経てば、異動してメールアドレスも使われない状態となっていたり。

企業の中にやみくもに「ロングライフデザイン」という概念を入れ込むと、企業の存続に影響する。それも、D&DEPARTMENTという会社の仕事をしていると、よくわかります。自分の店の仕事は一見、とても自由ですが、予算から始まる制約も自分ですぐに考えてしまう。そんな時も、企業が僕ら「デザイナー」に安くはない予算を使って目的を果たそうとする姿と重ねられる。自分のために、予算を割いてデザインをするという大変さを実感するのです。
企業は「環境にいい」と言いつつ「環境に悪い」ことをし、「地球にやさしい」と言いつつ地球環境を汚染している。そうしないと、利益を生む製品が作れないから。きれいごとにどこまでキバをむけばいいのでしょう。多くの人は環境問題に関心を持ちながらマイカーを手離さない。温暖化にも関心はあると言いながら、節電もせず、何もしません。僕もそうです。

自分の中に膨れていく風船のようなものがある。何かの矛盾に対するガマンです。わかっているのにできないことの許容の風船。きっと、今日も少し膨らんでいる。いつかは破裂することはわかっている。それがいつかは考えたくない。でも、いつか破裂します。

何をすべきか。何をすればよいのだろう。日本じゅうのデザイナーが日本の伝統地場産業に群がっている。売場もないのに、大量に「デザイン工芸」が作り出されていく。国の補助金を使って、今日も大量に企画され、作られていきます……。

いい店は、
スタッフと
社長が
つながっている。

金沢へ出張してきました。60VISIONに興味を持って頂いたある企業の工場を見学に。まず、最初にすることは、なんだかんだ言っても現場を見ることです。しかし、若い頃の僕には、そういった考えは皆無でした。もちろん、先方の社長さんなりが、若造をわざわざ呼んだり、「現場を見たい」という要望を聞き入れてくれたりはしないかもしれませんが。まぁ、そういう歳になった……とも言えるのでしょうか（笑）。

現場には「現実」があります。いくら「企業」としてすばらしいことを言っていても、現場を見ればすぐにそれはわかります。「会社」にも人格があり、性格があり、育ちがあります。そういう意味で言えば、人も、その人の持ち物である車に乗せてもらったり、家に呼んでもらったりすると、「あぁ、こういう人なのかぁ」と、わかることがあります。従業員、工場、応接対応、会議室のしつらえ……。どういうことで、「いい会社」と評価すべきかはおいておきますが、それらがバランスよく整っている会社はあるものです。

共通して言えるのは、やはり「人」です。「社員」です。特に感じるのは「社員」と「社員」がしっかりとつながっているか、ということです。中には「社長」と「社員」が、つながっているように見えない会社があります。上司と部下がとてもいい関係にあるようすを見ると、「あぁ、いい会社だなぁ」と、そこで深く思うものです。別に「家族のような」ことを目指さなくともいいのです。働く者同士が「つながっている」感じは、外から見た時にすぐにわかるものです。では、何をもって「つながっている」となっていくか。おそらく「いっしょに仕事をしている」ということだと思います。

あたりまえのことですが、社長と社員の間には、様々に間が開いていきます。いっしょの仕事をやっていても、役割が大きく違っているので、いつしか、違う仕事をしているような、はたまた、社長は仕事をしていないのではないか……と、思うようになります。

いい会社は、大きな「ひとつの目標」に全員で向かっているような会社だと思います。そして、その「大きな目標」の中に、それらを形作る日々の細やかな仕事ひとつひとつがあり、それは、社長も社員も変わらずいっしょにやっている。そこがズレて見えなくならないようなコミュニケーションの工夫が、一番、難しいように思います。

そう言えば、ある会社の社長さんは「飲みに行くのは秘書と運転手だけ」と言っていました。みんなと飲みに行きたいけれど、膨大な数の社員全員をまんべんなくは誘えない。片寄ってしまうことで、いわれないことが社内に広がらないよう、気を付けているようでした。だから、取引先の人と飲む時は、ここぞとばかり、社員を誘うようです。いい社長さんでした。

「商品」はただ「商品」ではなく、
責任を伝える媒介者だと
考えたい。

僕の会社の「商品」とは何だろう。お客さんが店に来てくれて、買い物をしてくれる。そこに「お客さん」の欲しいものがあるから、お客さんはそこでお金を払ってくれる。あまりその利益に伸びがないとすれば、それなりのことです。わずかながら、自分のしている商売に興味を持ってくれて、そしてお金を払っていく。そんなお客さんの数が少ないのは、それくらいの範囲のことでしかない、ということでしょう。もし、「いや、こんなはずはない、もっとたくさんの人に来てもらえるはずだ」と思うなら、努力をしてみよう。さて、どんな努力でしょうか。

努力をしてみることにする。まずは「誰に」向かっての「どんな」努力でしょうか。そこで初めてわかることがあります。自分の店の実力です。もちろん、それの優劣を話しているのではありません。これくらいのお客さんに自分は応えていきたいということと、その売上げ規模が一致していれば、その満足さに、こんなことは思わないはずです。そんな希少な支持者とも言えるお客さんに一生けんめいに応えて、わずかではあるけれど、長い商売が続けばいい。問題は「こんな売上げでは不満だ」と思っている場合です。そして、努力をするわけですが、その努力は「誰に」向かったものか。そして「どんなものか」

ひとつは、もっと自分の店を知ってもらう努力があります。自分の店を知られていなければ、そもそも足を運んではくれません。では、その「どこかにいる未来のお客さん」を探すには、どうすればいいのでしょうか。大金を投下して、コマーシャルを打つ方法もある。しかし、その大金をはたいて、どれだけの人が来てくれるかはわかりません。わからないことにお金を使うこともできません。

そこで考えるのです。自分の店で売っているようなものは、いったい誰が欲しがるのか。つまり、まず最初にする努力とは、自分の店に来てくれそうな人を探す努力となります。そして、そんな人を見つけたとしましょう。その人たちがそこで買い物をしてくれるための努力。そしてそのお客さんに、もう一度その店に来たいと思ってもらえる努力……。

こうやって努力を書き出していくと、最終的に気付くこととは、世の中には「商品そのものに対する」努力と、「商品の周辺に対する」努力があるような気がしてきます。商品そのものの努力は、かなり厳しい。どんなに性能をうたっても、アッと言う間に類似した商品が現れます。価格で戦わなければならなくなったり、商品そのものがウリであるはずなのに、それだけで勝負を挑むと、つらい世の中です。

たいした差もない商品の中で生き残るには、最終的にはそのブランドの「ふだん」が価値となり、差別化されます。つまり、「ブランド」です。どうしても直接的にもの作りする企業は「商品そのもの」にのみ投資をする。しかし、周りでも無数の企業が同じことをしています。

ブランドはお金をかけて作れるものではありません。ふだん、毎朝の習慣で健康が維持できるように、何もしなくとも自分からする努力そのものが、最終的に「ブランド意識」として浮かび上がってくる。ＰＲや広告で少しばかり目立ったところで、それを「ブランド」が生まれたと勘違いしそうになる。それは「ブランド」ではないと思います。もの作りの企業ならば、「どういうもの作りをしているか」がブランドになる素であり、ものは作ろうと思えばいくらでも誰でも作れるし、簡単にコピーもできます。

店の話に戻します。店も結局は「どういう店でありたいか」を「商品」としなければ続きません。「商品」を「商品」と思っていては、価格競争に巻き込まれるだけです。「商品」は商品ではないのです。商品は、「どういう店を作りたいか」という意思を伝えるひとつの媒介役でしかありません。それをきっかけに、お客さんに「こういう店を作りたい」ということを伝える手段です。品揃えをして、掃除をして、接客をして、レジを打ち、梱包して、お礼を言う。これだけでは、「ブランド」にはなれませんし、お客さんにもう一度来たい、もう一度、あの店で買いたい、と、思ってはもらえません。

「どんな店を作りたいか」というテーマ自体にある程度の「需要」がなければいけません。自分の店がしっくりきていないとしたら、そこから違っている可能性は大いにあります。もともとどんな「努力」をしても、社会の需要がないところの「努力」は自己満足でしかありませんし、伸びません。と、自分の店「D&DEPARTMENT PROJECT」について、考えていました。

D&DEPARTMENTの商品とは何か。そして、もっと伸びていくには、「どんな努力」をする必要があるのでしょうか。いろんな意味でD&DEPARTMENT PROJECTは次のステップに進行中です。

この案配が
デザインには
必要なのです。

立川駅ビル、エキュート立川に「D&MOTELS STORE」が5日、オープンします。明日は関係者だけのプレオープン。プレとは言っても、また関係者だけ、とは言っても、ものすごい数なので、通常営業とあまり変わりません。

自分でコンセプトを考えて、テナント条件を詰めて、借金をして、取り扱い商品を決めて、内装を詰めて、グラフィックを考え、アルバイトスタッフと対面し、発想した意思を伝え、商品を棚入れし、それらを遠くから眺める。

もちろん、多くのスタッフと手分けして行っていくわけですが、最終決断をするのは自分ひとりであり、その「GO」の積み重ねでひとつの店はできあがっていく。中にはやってみなければわからないことも多くあり、経験というものは、意外と役に立たないものだなぁとも実感します。しかし、なんだかんだ言っても、判断は瞬間にしなくてはなりません。「あぁ、ちゃんと生きて、ちゃんと生活していれば、こんなところで悩まなくて済むのに」と、思うのです。

どんなに魅力的な店のコンセプト発想しても、月に払う家賃だけでもかなりの額です。お金を借りて、ひとつのことを興し、お金を払いながら、そこに日々、付け足し、補って、新しさを磨いていく。

ただ、クライアントからグラフィックの仕事としてショップカードなどを依頼されて作っていた時では、こんな現実があるとはわからないものです。

コンセプトがありながら、「売れなくてはならない」という現実がある。ショップとは、もの作りに関わる人々の末端とも言えます。委託でものを売っていても、最終責任を負って、移り気な生活者に、作り手の「もの」を伝える（売る）。空間デザインはそのステージであり、グラフィックはそれを最良の状態で演出するモノであって欲しい。とにかく、売り場の生々しい気持ちは「売上げ」なのだから。

しかし、やみくもに「売上げ」だけが伸びても、やはり満足しないのです。最終的にはお客様の喜ぶ笑顔にまさるものはない。クサいセリフですが、そう思うのです。そのリアリティに触れていられる場所。デザインを施してスマートに接していても、閉店でお客様が帰り、掃除をして、レジを閉める積み重ねで、店は成り立っていく。ここにデザインがあると思うのです。今日もデザインを販売しました。デザイナーのみなさんが作った、メーカーや工場が組み立てた、そんなデザインを今日も売りました。私たちはそう考えれば考えるほど、デザインはしていませんが、デザイナーだと思うのです。そう思わないと、結局、デザインは売れないのですから。

立川までぜひ、足を運んでください。また、新しいデザインを売るデザインをしました。それほど、デザインされた空間ではありません。しかし、この案配がデザインには必要なのです。

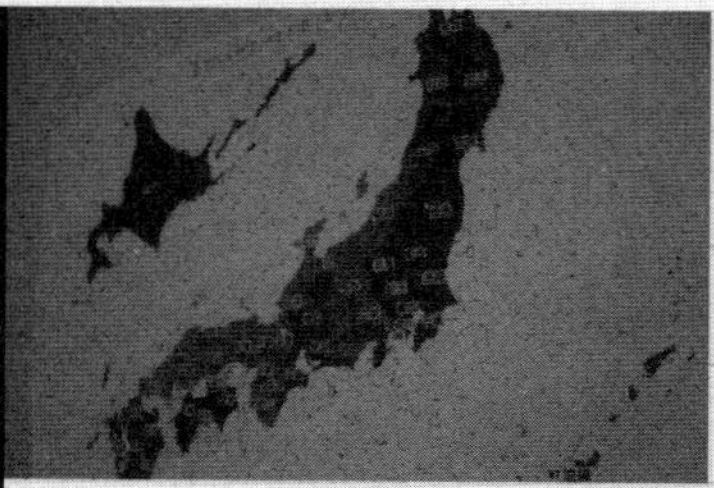

日野さんが
長年かけて作ってきた信頼を
使わせてもらうという責任と意味。

最近、日本のあちこちからはがきが届きます。それらは、3ヶ月くらい前に地場産業の作り手さんをいろいろと訪ねて回ったところからです。発表会の案内あり、新作を作ったので見に来て欲しいという便りあり……。人の細いつてをたどって、それだけを頼りに普通ではなかなか会えない、また、見ることのできない職人の仕事場、けっしてきれいとは言えない雑然とした部屋の中で、冷えたおいしいお茶を頂きながら、細かくていねいに教えてもらう。

今回、コーディネーターを頼んでいっしょに回ってもらっている、スタジオ木瓜の日野さんのおかげ以外の何ものでもありません。日野さんという人が、何年もかけて作ってきた、でも、けもの道のように細い道をいっしょに歩き、ポーンとやや広い広場に出る。そこには一生けんめいに地元のいろいろなことと戦いながら、ある人は後継者のいない悩みを、また、ある人は百貨店の言うがままに作り過ぎて、少し体調を崩し……。

そんな作り手の背中をさするような日野さんの関わり方、そして、そんな関係があるからこそ、僕というどこの人間だかわからない若造にも、最初から温かく心を開いてくれる。小さな小さな、そんな作り手の環境は、そんなに簡単には広げてはいけません。現場を見ていて本当にそれを思います。

東京を中心に空前の日本の地場ものブーム。昔からのバイヤーに限らず、今までそんなことに関わったこともない人々が、ビジネスとしてそこに群がっています。そう、僕もある意味そんなひとりと言えます。メディアは一斉にそのムーブメントをたきつけ、生活者はそれらに群がる。中国産ではないということを強調しながら、でも、結果的に地場の作り手のみなさんは、幸せにとても見えない。経験の浅い僕にはそう見えました。

ていねいだけど、シャイで必要以上にものを話してくれない作家が多い中、「あぁ、やっぱり僕みたいなのには、心を開いてくれないのかなぁ」とも思い、東京に戻る。しばらくして、直筆の心温まるはがきがたくさん届きます。そんなはがきをひとつひとつ読み返し、机の上に並べていると、なんだか「どうしてあげたらいいのかなぁ」と思うのです。

少なくとも「マーケットをもっと広げてください」とは、僕には読み取れない。もっとしっかり、作り手の愛と情熱を、本当に欲しい人に届けて、ずっと使ってもらったり、作り手の体温を感じてもらったりするためにはどうすればいいのか……。

間違いなく言えるのは、大都会のど真ん中に販売力のある店を構え、大量に売りさばくことではないということ。もっとその作り手の土地を感じ、日本を感じ、生活を感じること。その象徴としての「もの」があり、手のぬくもりがある。とはいうものの、難しい……。もう、強力通信販売メディアも、ロハス系雑誌も、彼らはあてにはしていないようです。高島屋も三越も。そして、若い作り手も育ち、考えているようです。

もっと日野さんに学ばなくてはなりません。そして目の前のはがきを見ていると、そこにはいわゆるメディアはないのです。信頼をつかんだ日野さんの紹介があり、会いに行った時間と交わした会話があり、別れに交わした笑顔があり、その結果として直筆の便りが届く。心の中で感じるこの充実した気持ちは何でしょうか。まるで特別な許しが綴られた招待状をもらったような気持ち。

ありがとう、日野さん。僕にできることをがんばって探します。

一生同じ仲間と
働いてみたい。
そう
思いました。

僕を含め、現代人の欲求は複雑になっています。どんなに田舎に住んでいても、世界じゅうの情報は入手できますし、テレビをつければ高画質でショッピング。

昔の人はおそらく職業の選択もできないくらいに、そして、ひとつの仕事についたら、転職するなんて選択肢もなく、あたりまえのように終身雇用で、会社もそのつもりで採用しているから、教育や福利厚生がしっかりあって、家族のようであったと思います。それが今や「自分のことは自分でやりなさい」的に就職も評価も、人付き合いも、そして、買い物も、もの作りも……。

たくさんのスタッフと働いています。会社として終身雇用をとがんばっていますが、まだ若い会社です。なかなか揃いません。社会保険をやっと導入し、来年は住宅手当、さ来年にはスタッフのための山小屋を千葉のファームの横に作って、仕事をしたり家族と泊まりに来れる施設を作りたい。そんなことを考えている横から、ひとり、またひとりとスタッフは辞めていきます。送別会の様子を聞いている限りでは、決してD&Dが嫌いになったという理由ではなさそう。つまり、それぞれの夢へと飛び立って行くのです。

いつもいつも、思います。今はこんなに一生けんめいに働いてくれていても、いつかは旅立ってしまう。会社の至らないせいでも、もちろんありますが、時代が大きく変わって、転職も容易になり、自分で店を、なんてこともやりやすい社会になっていると思います。

離婚をしただけで、近所や親戚から冷たくみられていた時代はありました。今ではどうでしょう。ずいぶんとかわりました。

終身雇用、いけませんかね。20代にD&Dに就職して、カフェで働きながら、結婚して、育児手当や住宅手当をもらいながら、お客さんと毎日毎日楽しく接して30代。会社が挑むことに、いっしょにチャレンジして、ちょっと昇級して、住宅を購入。車もローンで買います。40歳になって、後輩の面倒をみながら、もっといいサービスを考えたりする。セレブな生活はできませんが、たくさんのスタッフに囲まれて、45歳。子供も大きくなって、会社の目指すことにも興味が湧いてきて、少しでもその歳であること、経験があることから積極的に参加していく。50歳。役員にはなれなかったけれど、D&FARM の敷地内に、30坪の土地を10年レンタルして、週末は家族で農作業をする。60歳になって、定年も近いけれど、農作業の楽しさにはまって、ファームに異動願いを出す。そして、70歳。子供も大人になって、少ししか蓄えはないけれど、退職金でスイスに旅行にいく。80歳になって、無茶な人生ではなかったけれど、暖かな日だまりのような、おだやかな人生だったと振り返る。そんな人生では物足りないんです。今という時代に生きていると、そう考えてしまう。そんな人生は「負けだ」と。

そんなことはないと思います。自分で店を出せなくても、40歳でまだ給与が少なくても、周りに仲間がどれだけいて、健康で、好きなごはんが食べられれば、それでいいように思います。得るものも失うものもほどほどにあり、健康で仲間がいれば、それほどの幸せはないように思います。

7周年を迎えました。近くの居酒屋に集まって、お祝いの会をしていた時のこと、横にいたスタッフの松尾が「こんなに仲のいいスタッフの会社、いいなぁ」と、しみじみ言っているのを聞いて、幸せだと思いました。

ただ、みんなで集まって、ただ、おめでとうと言いながら、ただお酒を飲んでいるだけですが、こういうことが、人生の中での「幸せ」の基準でないといけないなと、思いました。いい生活もしたいですし、いい服も着たい。街に出ればそんな欲望をそそるものが手招きしている。

それを手に入れた喜びよりも、やはり、目の前で楽しそうに飲んでいる仲間を見ていたい。そこに幸せを感じる幸せ。

お金でも、ものでもない充実。一生同じ仲間と働いてみたい。そう思いました。

井澤さん、吉田さん、
ありがとう。

D&DEPARTMENTは、わかりづらい「デザイン」ということを、「業界」からではなく、「売り場」というふだんを使ってわかりやすくしていこうとする活動です。だから、なにかとわかりづらかったり、「これ、この業界の人しかわからないんじゃないの？」ということに出会うと、「もっとわかりやすくしたら、どういう意味になるのかなぁ」と、考えるようになりました。

とかく、難しくすれば一人前みたいな風潮がありますね。直木賞受賞作も、僕のような人間を、本来の「読書の楽しさ」から遠ざける結果となるほどにわかりづらい。わざとそう書かないと取れない賞なのかなぁと思うと悲しくなります。「デザイン」も、もっとわかりやすくしたい……。と考えて、一度世間的にわかりづらいものをD&D的にわかりやすくしてみる企画、というものを考えました。その第一弾を「オペラ」としました。そして、ダイニングの料理長、広政君の結婚式でみごとな声を披露していたテノール歌手の井澤章典さんにお願いをして、「解説付きのオペラコンサート」を実現し、大変な好評を博しました。その時の感動が覚めず、僕は井澤さんのCDをD&Dから出したいと思い、話を持ちかけ、実現することになりました。

びわ湖ホールを3日間借り切り、初体験のレコーディングです。その収録の時の話です。ホールでは、イスがミシッとなっても録り直しになるので、井澤さんとピアニストの吉田衣里さん以外は全員、別室で録音機材とともに見守っていました。休憩している時、井澤さんが僕に楽譜を渡してくれました。当たり前のように僕に差し出すので、一瞬、きょとんとはしましたが、にっこりと「どうぞ」と差し出す井澤さんに、お礼を言いながら受け取りつつ、楽譜のまったく読めない僕は、まぁ、なんとなく見ようかな、と思いました。楽譜なんて見るのは中学校以来。しかも、目の前にあるそれは、その時のものとは格段に難しく、何が書いてあるかわからない多くの記号が印刷されていました。そして、音符の下の歌詞を目で追いながら、はやくCDができないかな、そうしたら車にCDを入れて聞こうと思い、あることに気が付きました。

言葉が好きな僕は、その詩の美しさに感動しながら、木下牧子という作曲家が作り出すメロディのなんとセンスのあることかということに感動。しかし、この「詩」と「メロディ」は、紙に書かれた詩であり、楽譜に書かれたメロディであって、それを僕が車の中で歌おうと思ったならば、

「CD」という日常のものに置き換えなければならない。その作業をしているということに気づいたのです。しかも、すばらしい「詩」と、センス溢れる感動的な「メロディ」は、紙の中にある。それを井澤さんが、吉田さんにピアノを使って表現してもらい、「歌」として、「詩」と「メロディ」を合わせる。そして、録音技師が高度な技術で録音し、それがCDとなる。それがどこか、僕がいる「デザイン」の業界に似ているというか、当てはまることだなと思いました。

楽譜を素人の僕が持っていても、その素敵さと意味、作り手が表現したかったことは読み取れません。しかし、それがCDという、誰でも手に入る「もの」になった時、すべてを受け取れる。そして、それを車の中や部屋の中で聴き、感動することができる。

もし、「デザイン」が作り手の意識も伝わらないまま、「デザイン業界」の中だけで高く評価されながら、うまく生活者の手に届かなかったとしたら、それは、僕が控え室で井澤さんからもらった楽譜のように、わかる人にしかわからないものとなる。だからこそ、「表現者」が必要で、その伝え方の日常へのフィット感が必要だと思いました。

わかりにくいけれど、業界にとって次の時代にとても必要なテーマがあったとします。それをデザイナーという表現者が、例えば「加湿器」の形にしてあげて、使うものとして形に表現する。それを「売り場」という日常が、しっかりと生活者の手に伝える……。

今回、井澤さんに出会ったことで、「詩」と「メロディ」を「歌」として表現する大切さに気付くことができました。また、それをＣＤにしたいと考えた後に、その意味の深さを教わりました。井澤章典さんは言います。「クラシック業界のわかりにくさをなんとかしたい」と。あぁ、僕と同じだぁと、びわ湖で感動しました。

本当にやってみたい人が不在の
「やってみたい」なんて、悲しい。

誰にでも「やってみたい」という思いがあります。
僕はそれを口に出して言ったり、
ブログに書いたりして実行することが好きです。
ナガオカケンメイのやりかたを一言で言うと、この「有言実行」です。

普通の常識ある人は、できないことは口に出したりはしません。
しかし、僕は「できないかもしれない」よりも、
「やってみたい」に思いを強く持たせて、
やってみたいのであれば、その気持ちそのものを表現すればいい。
そう考えています。
つまり、完成を目指すのではなく、
「やってみたい」と思った気持ちに沿って生きる。
これが、ナガオカケンメイのやりかたです。

高卒の僕は、かなりの学歴コンプレックスがあります。
大企業にも就職できませんし、大学の教授にもなれません。
しかし、そうした人たちが僕のやっていることに興味を持ってくれる。
また、ある人は「うらやましい」とまで言ってくれた。
その時、僕は思いました。
どんなに頭のいい人にも、どんなに大きな企業にもできないことがある、と。
それは、「こんなことがあったらいい」ということを

「実現する」ということでもあり、
どんなに企画書が書けても、どんなに資金があっても、
「やってみたい」という思いの強さは人工的には作り出せないのです。
学歴のない僕は、まさにそこで勝負をしているのです。

つい、頭のいい人のスマートなやり方に影響されそうになったり、
自分の腹を痛めずにものごとを生み出そうとしてしまいそうになります。
しかし、そこには純粋に「やってみたい」と思う気持ちがない。

ある県が町おこしを行うと言って、
僕に講演の依頼をしてきたことがありました。
送られてきた企画書は、大手の広告代理店の制作したもので、
僕は腹がたって腹がたってしかたありませんでした。
どこにも「やってみたい」気持ちと、そう思う人の存在が見えないのです。
そして、その土地の人の思いではなく、
それを仕事として他人に丸投げしている様子に、
こんなことでいいのかと、悲しくなりました。
気持ちのない「やってみたい」を、大人が作ってしまっていたのでした。
そして、大人の世界には、こんなことは日常茶飯事です。
多くの環境をけがすゴミは、辿っていくと、決まって大人の、
こんなみせかけの「やってみたい」がきっかけで作られています。

本当にやってみたい人が存在しない
「やってみたい」を作るなんて、悲しい。
そう思うのです。

多くの学生さんが履歴書を送ってくれます。
「D&DEPARTMENT」で働きたいと言ってくれます。
履歴書の中には、何枚もの熱烈な手紙が添えられています。
しかし、2つの傾向があります。
ひとつは、そういう人に限って働いても続かないという事実。
もうひとつは、そんなにまで思っているのに、
一次選考で落ちたくらいで何の連絡もしてこない。
ここにも思うのです。
手紙に書かれた「やってみたい」は本物なのだろうかと。

僕は「やってみたい」を大切にする人が好きです。
そして、「やってみたい」という
純粋な思いさえあれば、どんなものにも勝てる。
そして、そう思って始まったことやできあがったものは、
いつまでも大切にされるし、みんなが関心を持ってくれる。
そう信じているからこそ、「やってみたい」という気持ちがあるのだから、
できないかもしれないという気持ちを超えて、それを作っていくのです。

今、47都道府県にひとつずつ
「D&DEPARTMENT」を作ろうとしています。
資金もありませんし、何の確約もありませんが、
日本のデザインの底上げのために、どうしてもやってみたいのです。
その思いは、2007年11月に札幌店をオープンさせ、
2008年にもいくつかの県で実現していくでしょう。
そして、いつの日か、47カ所の「D&DEPARTMENT」から、
正しいデザインと消費が工夫されていくでしょう。

僕の「やってみたい」と、
いろんな土地に住む人の「やってみたい」が、
実現させていく力を持っている。

本当に「やってみたい」という気持ちを大切にしたいのです。
ただ、それだけです。

この本は8年間書き続けた
「D&DEPARTMENT PROJECT」を作る過程を記した
ブログをもとに作られています。
当初は「そんな店を作る過程で思うビジネス的な気づき」バージョンと、
「店そのものの作り込みの経過を時間軸になぞった」純粋日記バージョンを、
まったく同じ装丁で同時に出そうという考えがありました。
前記したバージョンはアスペクトより、2006年の12月に発売されました。
そして、今回、平凡社で、日記バージョンを出していただけることとなりました。
関係していただいたみなさん、ありがとうございました。

こうして、また、実現させることができました。

ナガオカケンメイ

ナガオカケンメイ

1965年北海道生まれ。90年、日本デザインセンター入社。翌91年、原研哉氏と日本デザインセンター原デザイン研究所を設立する。97年、日本デザインセンターを退社し、ドローイングアンドマニュアルを設立。2000年、これまでのデザインワークの集大成としてデザイナーが考える消費の場を追求すべく、東京・世田谷の400坪に及ぶスペースで、デザインとリサイクルを融合した新事業「D&DEPARTMENT PROJECT」を開始する。02年には、大阪・南堀江に2号店を展開。また同年より、「日本のものづくりの原点商品・企業だけが集まる場所」としてのブランド「60VISION」(ロクマルビジョン)を発案し、カリモクの60年代の廃番商品をリ・ブランディングするほか、エース(カバン)、月星(靴)、アデリア(食器)など、14社とプロジェクトを進行中。これらの活動に対して、2003年度グッドデザイン賞川崎和男審査委員長特別賞を受賞する。03年、世界的に活躍するクリエイターたちの声を収めたCDレーベル「VISION'D VOICE」を立ち上げる。05年、ロングライフデザインをテーマとした隔月刊誌『d long life design 』を創刊。07年10月、東京・立川に、普遍的なデザインである業務用品の中から、生活に取り入れて使えるアイテムをセレクトしたショップ「D&MOTELS STORE」を開店。現在、地場の若い作り手とともに、日本のデザインを正しく購入できるストアインフラをイメージした「NIPPON PROJECT」を47都道府県に展開中。その1号店として07年11月、北海道・札幌に「D&DEPARTMENT PROJECT SAPPORO by 3KG」をオープンさせ、08年には山形県、香川県など数カ所に設立準備中。日本デザインコミッティー会員。http://www.d-department.jp

STAFF
プロデュース・編集:石黒謙吾
ブックデザイン:寄藤文平 坂野達也（文平銀座）
制作:ブルー・オレンジ・スタジアム http://www.blueorange.co.jp/

BLUE ORANGE STADIUM

ナガオカケンメイのやりかた

発行日 2008年2月10日 初版第1刷

著 者 ナガオカケンメイ

発行人 下中直人
発行所 株式会社平凡社
〒112-0001 東京都文京区白山2-29-4
電 話 03-3818-0746(編集)
03-3818-0874(営業)
振替 00180-0-29639
印刷・製本 図書印刷株式会社

落丁・乱丁本はお取り替えいたしますので、小社読者サービス係まで直接お送りください(送料小社負担)。
平凡社ホームページ http://www.heibonsha.co.jp/

 ISBN 978-4-582-62042-9
NDC分類番号757 B6変型判 (17.5cm) 総ページ392

平凡社のデザイン関連書

LONG LIFE STYLE 01
D&DEPARTMENT PROJECT 2003-2005
D&DEPARTMENT PROJECT＝著
定価:3675 円

なぜデザインなのか。
原研哉、阿部雅世＝著
定価:1890円

アンリミテッド:コム デ ギャルソン
清水早苗、NHK番組制作班＝編
定価:5775円

柳宗理 エッセイ
柳宗理＝著
定価:2520円

ロングセラー・デザイン——文房具から椅子まで コロナ・ブックス108
コロナ・ブックス編集部＝編
定価:1680円

グラフィック・デザイナーの仕事 太陽レクチャー・ブック001
祖父江慎、角田純一、グルーヴィジョンズ、クラフト・エヴィング商會＝著
定価:1575円

現代デザイン事典 2007年版
勝井三雄、田中一光、向井周太郎＝監修
伊東順二、柏木博＝編集委員
定価:3360 円

※定価の表示は、2008年2月現在の税込価格です。